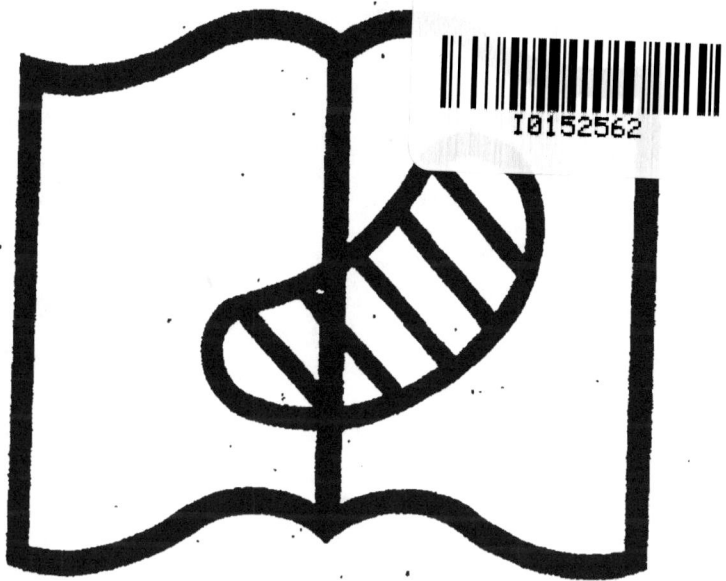

I0152562

Original illisible

NF Z 43-120-10

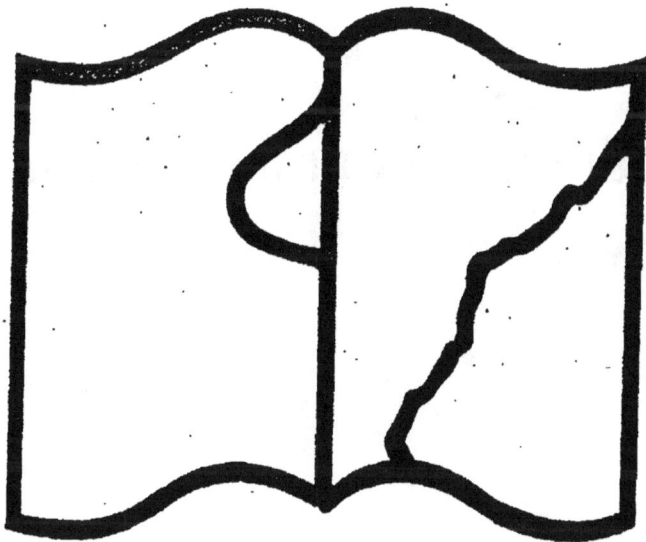

Texte détérioré — reliure défectueuse

NF Z 43-120-11

"VALABLE POUR TOUT OU PARTIE DU DOCUMENT REPRODUIT".

LA CORSICA

E

I MIEI VIAGGI IN QUELL'ISOLA.

*Con approvazione
dell' Autorità Superiore ecclesiastica
di Corsica.*

LA

CORSICA

E I MIEI VIAGGI IN QUELL'ISOLA

LETTERE

DI GIOACCHINO PROSPERI

PRETE LUCCHESE

A CUI VA UNITA L'ORAZIONE LETTA NE' FUNERALI
DI MONSIGNOR SEBASTIANO PINO.

BASTIA,

DALLA TIPOGRAFIA FABIANI.

1844.

ALLA CORSICA

PER AFFETTI INDOMATI

SEMPREMAI INFELICE

SEGNO PERPETUO

ALL'ALTRUI INTERMINABILE CUPIDIGIA

IN MAGNANIMI FATTI

EMULA DI GRECIA E ROMA

CUNA

DELL'ESULE DI S. ELENA

GIOACCHINO PROSPERI

CHE LA MORALE DEL VANGELO ANNUNZIANDO

PER BEN CINQUE ANNI

DI FE DI PIETA' DI CONCORDIA

PINGUI MANIPOLI NEL SUO SENO RACCOLSE

IN PEGNO DI GRATO ANIMO

OFFERIVA.

Al chiarissimo Professore

Gioacchino Deagostini Torinese.

———◆———

CARISSIMO AMICO,

Era già qualche tempo dacchè prometteva alla mia diletta popolazione di Corsica una relazione de' miei viaggi fatti in quell'Isola per motivi di religione. Finito il primo quinquennio ho voluto mantener la parola, ed eccovi alcune lettere che appunto della Corsica parlano, e di quanto mi è accaduto in quell'Isola. Le ho poi tutte a voi indirette mosso da quel sentimento di stima e di amicizia per voi che la lontananza, e talora il silenzio, anzi che scemare, hanno sempre accresciuto nell'animo mio. Non vi aspettate di leggere miracoli. Troverete il mio stile di quattordici anni fa senza studio, lo sapete, come parlo scrivo. Voi mi raccomandavate maggior diligenza, ma io non mi son mai corretto. Mi conforto però col pensiero che se mi riesca di uscire di questa

vita senza altra pecca, questa non mi darà nè fa-
stidio nè pena nell'altra. Riguardo poi alle cose
che in queste lettere tratto, ho detto sempre la ve-
rità, e quel che pensavo candidamente senza tanti
arzigogoli. Forse a taluno non andrà a sangue tan-
ta schiettezza, e la taccerà di franchezza sover-
chia. Ma la verità s'ha da dire; e quando questa
sta per le generali non picchia se non colui che si
risente : sermo generalis diceva quel terribile padre
greco il Grisostomo, neminem pulsat. Del rima-
nente, armandovi di un po' di pazienza troverete
nella lettura di queste pagine qualcosa che vi pia-
cerà, e questo qualcosa non vi piacerà in grazia
della mia penna che non ha pregio, ma per la
materia, la quale per se stessa è dilettevole. Finirò
per dirvi colle parole del Metastasio messe in boc-
ca ai fratelli di Giuseppe, che queste lettere che
v'invio

Ricchezze non sono ,
È povero il dono ,
Ma tutti son frutti
De' nostri sudor.

E con ciò mi dichiaro

Vostro Affmo Amico,

PROFESSOR GIOACCHINO PROSPERI,

Prete Lucchese.

LETTERA PRIMA

RIFLESSIONI GENERALI SULLA CORSICA.

LETTERA PRIMA

RIFLESSIONI GENERALI SULLA CORSICA.

———⸭———

Carissimo Amico,

Se voi prendeste a trascorrer quanto è stato sin-quì scritto dell'isola di Corsica, che tiene il terzo luogo fra le tre più grandi del Mediterraneo, in-vano tentereste di formarvene un retto giudizio. Nè a miglior partito vi trovereste, se voleste re-golarvi da ciò che ne ripeton coloro, che per mo-tivo di guadagno spesso spesso si recano a quella terra. Quasi tutti più o meno accordaronsi, sebbe-ne con fini diversi, a dipingerci gli abitanti di quell'isola coi colori più neri, e anch'oggi senti-rete prodigare il vocabolo di barbaro a un popolo che forma pur parte del popolo italiano, e che non è lungi dal continente d'Italia che poche ore di viaggio.

La repubblica di Genova, che coi detti e cogli scritti avea praticato ogni via per discreditare

questo paese in faccia all'Europa, era riuscita a
farne formare il più disfavorevole concetto. Gli
abitanti del contado di Lucca, i Garfagnini, i
Lombardi, i Toscani, che a migliaja ogni anno si
recano, e ciò ab immemorabili, in quella vasta
isola per lavorarne la terra, non ce ne avean fatto
prendere miglior idea de'Genovesi. Ma quella repubblica d'egoisti era mossa a ciò fare dall'agonia
che nessuno si affezionasse a quell'isola, per avere
ne'Corsi altrettanti schiavi per servirsene alla coltivazione di quella fertilissima terra, e prendersene
i pingui prodotti. I secondi, per iscusare la corruttela de'lor costumi, a cui davano e danno libero il freno, giunti su quelle spiagge; corruttela
che non potendo celare, per lo lungo uso, reduci
ai nativi focolari, s'inducon a ripeter tuttora (per
addurre qualche scusa di tanto guasto), la Corsica
esser ripiena di tante nefandità, da non potersene
non contaminare anche il più accorto ed immacu-
lato. Falsa asserzione che pur troppo trova credito
presso chi non conosce quell'isola. Ma si appone
male chi su queste basi si appoggi. Conciossiachè
molti di questi esteri lavoratori, ove non abbiano
timore che li trattenga o rispetto umano che li
domini, dimenticano quel che dovrebbono essere, e abbandonandosi a se stessi sovra una terra
che credon libera, si fan lecito ciò di cui arros-
sirebbono sul suol natio. Quindi la scurrilità nel

parlare, l'ubbriachezza, l'affettata miseria. E sebbene quasi tutti guadagnino pe'loro lavori due e
più franchi il giorno, piuttosto che una piccola
parte spendere de'lor frutti, si nutriscono di farina
di castagna, o di formentone e d'acqua; dormono
sul terreno con poca e sconcia paglia, sempre ravvolti in que'luridi cenci, che molti di loro non
cambian mai fino al ritorno nel paese nativo. Siffatti vizj ho dovuto io notare ne'cinque anni che
ho percorso da un lato all'altro quell'isola. Ma
questi vizj non gli apparan essi dai Corsi, al servizio de'quali si adoperano. Imperocchè se si parli
dell'abuso de'vini, il Corso ne è molto lontano, e
rarissimo è il caso che si ubbriachi. Là dove mille
volte m'è avvenuto, specialmente in Ajaccio, di
vedere ne'dì festivi una turba di questi spensiera-
ti stranieri, sdrajati lungh'esso la fontana della gran
piazza, pieni di vino, vittime della vigliaccherìa.
La parte morigerata di questi lavoratori, che di
gran lunga, la Dio mercè, la guasta sorpassa e vince, vede con dispetto e con vergogna questa cor-
ruzione de'lor confratelli, e con me più volte, in
varj luoghi di Corsica dove gli ho ritrovati, hanno fatto appassionate lagnanze.

Che dovrei dire del parlare ributtante che tengon fra loro? Crederei di contaminar queste car-
te a ripeter solo una di quelle marcissime frasi, che
se son nuove a' Corsi, sono pur troppo vecchie a

chi le sente ad ogni istante ripetere. Non così i Corsi, i quali per castigatezza di lingua in siffatte cose, specialmente in palese, superano qualunque altro popolo ch'io mi conosca, e ne conosco non pochi. Nulla dirò della trascuranza di costoro nel fatto delle pratiche della religione. Lavorare per molte ore ne' dì festivi; perdere per il più lieve motivo la messa; non confessarsi fino all'ora del lor ritorno in patria, e ciò per soddisfare all'apparenze, per portare al proprio parroco l'attestato della Pasqua, sono questi ordinarj difetti loro. Saria salutevol partito che i governi, che reggono que' popoli che vanno annualmente in Corsica, facessero sentire ai medesimi il dovere di salvare l'onore della religione e della patria col menare una vita più proba ed onesta. Ho dovuto fare questa breve digressione per giustificare gli abitanti della Corsica in faccia ai governi italiani di una taccia, che falsamente e iniquamente loro si attribuisce dalla sordida ignoranza di molti, i quali, sebbene a costo di lor fatiche, ritraggono annualmente da quell'isola vistosissime somme.

A queste cause, che hanno originato un'idea svantaggiosa della Corsica, arroge la boriosa franchezza di alcuni scrittorelli, i quali, dandosi il tuono di viaggiatori, sbarcati in Bastia e pernottato all'albergo Tellier, partiti il giorno dopo su' cavalli delle poste per Ajaccio, dopo ventiquattr'ore ap-

profittando del battello a vapore, ritornati a To-
lone, si son dati briga di dar subito in luce un *Mon
voyage en Corse*. E qui affastellando menzogne a
qualche ombra di verità, senza aver null'altro veduto che lo stradone da Bastia ad Ajaccio e la foresta di Vizzavona, immaginando roba assai per
formare un volumetto da far quattrini, hanno
consegnato alla stampa ciò che sarebbe la Corsica
che hanno immaginata nel lor cervello, non quello che è in realtà. Non altrimenti trattò l'Italia il
signor J. Janin col *son voyage en Italie*. Non si
deve giudicare di un popolo, nè di un regno dà
ciò che ha dettato lo spirito di parte, l'ignoranza
o la mala fede. Io so bene che gl'Italiani che non
conoscono quell'isola sono costretti ad attenersi a
quel che sentono dire, o a ciò che trovano scritto.
Ma della Corsica ragionando è savio consiglio creder
poco, dubitar molto e discredere affatto quando
ci si dipinge quell'isola come una terra scoperta
jerlaltro. In fatti gli stessi storici, che pur sono in
rinomanza, come il Giustiniani e il Filippini, hanno detto de'Corsi cose che mai non furono, e le
tramandarono nelle loro pagine alla posterità. E in
questo mi pare pecchino pure qualcosa le due lettere della prammalogìa cattolica (1), di cui mi con-

---

(1) Le lettere citate, scritte dal M. Rev. P. Mella della Compagnia
di Gesù, sono inserite nel nominato giornale che si stampa in Lucca.

verrà, datamisi occasione, dir qualche parola per cagione di verità.

Ecco impertanto quali sono le vere cause, per cui si persevera tuttora a portare sfavorevole opinione della Corsica da coloro che non la conoscono che dalle relazioni. Una sventurata isola che, da' Cartaginesi che ne furono, perciò che ne ricordan le istorie, i primi usurpatori, fu sempre il bersaglio di mille pretendenti, che a vicenda se la rubarono e la ricuperarono, in cui si è sempre tenuta, quasi dissi fino al dì d'oggi, accesa da quella repubblica genovese la face della discordia, delle private inimicizie, inimicizie e vendette che essa stessa alimentava e rimunerava col danaro, e cogl'impieghi; terra sempre agitata da tremendi partiti, sostenuti dall'estraneo per ingordigia; che meraviglia, se a quando a quando è stata il campo di casi nefandi e sanguinosi? Quelli che meravigliano di tanto, mi dicano se porgeva miglior aspetto l'Italia, quattro o sei secoli fa, quando era straziata dalle fazioni guelfe e ghibelline e da altre tali, che riempirono que'secoli e le contrade italiane di fatti inuditi, atroci, barbari! La Corsica, ne'tempi delle lunghe sventure sue, presenta de'tratti così eroici e grandi da ecclissare quelli della Grecia e del Lazio ne'secoli del loro splendore, come è a vedersi ne'suoi storici. Nè, per non mettermi in opposizione coi fatti, posso io porre in

dubbio le terribili vicende a cui andò soggetta
quella terra d'uomini magnanimi. Guerre, incendj, vendette, discordie civili, atroci casi si rin-
novarono nel decorso de'secoli su quel terreno.
Ma d'onde ripetere la causa di tante sventure?
Udite il mio avviso, e rilevandolo dall'indole stessa degli abitanti, lo credo vero. La Corsica ha un
tipo tutto suo proprio : italiana affatto nel cuore e
nell'anima, era fatta per esser nazione, per domi-
nare e non per esser dominata. Ma la sua posizione geografica fu la causa di sue disgrazie. Il punto
che occupa nel Mediterraneo mosse la gelosìa di
molti. Inglesi, Spagnoli, Francesi, Italiani e fra
questi i più versipelli i Genovesi, (1) tutti ne ambirono il possedimento ; tutti cercarono a vicenda di sottometterla, di dominarla. Ma eccoti perciò appunto la Corsica fuor del suo centro. Lei che
era fatta per dar leggi, ed avea mente da tanto,
fu col ferro costretta a riceverle ; lei che aveva
ed ha per original sua impronta la libertà, l'indipendenza, si volle schiava ; lei che fu sempre
insofferente del più lieve sopruso, saturata di soverchierie (2). Ecco la vera scaturigine de'nefandi avvenimenti accaduti in quell'isola. Un popolo

(1) Parlo di quel governo, non del popolo genovese.

(2) Non diversamente la discorre il Voltaire. -- Vedi *Sièole de Louis XV,* Chap. de la Corse.

che neppur oggi ha perduto il sentimento nobile della sua esistenza, della sua grandezza d'animo, del suo eroico coraggio, mal soffrì sempre che la prepotenza d'iniqui aggressori, usi solo a giustificar le loro imprese col diritto di maggior forza, dovessegli imporre il giogo : e però lotte continue, spirito sempre più vivo di parti, cercare l'appoggio or di questo or di quel potentato per iscacciare l'ultimo oppressore, e così sempre rinnovellare le proprie sciagure.

Dacchè quest'isola si diè suddita della Francia, ebbe tregua tanto avvicendarsi di casi, e surse alfine la calma. Ma questa calma appunto sarà per la Corsica quel verme che rodendole a poco a poco le patrie virtù, l'avvezzerà alla lasciviente cultura del secolo, ed i Corsi addiverranno anch'essi col tempo, come il rimanente degl'Italiani, molli, lussureggianti, snervati. Non si offendano di questi vocaboli i miei connazionali, imperocchè esprimon essi il nostro vero ritratto. Siamo italiani di nome, non v'ha dubbio, ma ne' fatti siam Greci, siamo Asiatici, non abbiam più nè la mente nè il cuore degli avi nostri. Frugando nell'antichità de' nostri padri, ci siam fermati momentaneamente a ricopiarne gli abiti, la capigliatura ; ed ecco le tuniche, gli stivaletti e calzoni a gamba, e gli abiti succinti, e la criniera spartita, cascante, e la barba di tutte forme : ma sotto queste divise dov'è la mente ferma, dove il cuore leale, dove il decoro di nostra nazione? Son segni parlanti della nostra degenerazione, l'amore smodato ai sollazzi, e ce lo accennano e le amene passeggiate, e i ridenti casini di campagna, e gli strepitosi teatri, e le laute mense, e il lussureggiante vestire, e i modi femminili, e i detti sdolcinati; e di tal guisa pur troppo si è messo in pratica l'immorale principio della filosofia dominante, che quel che è piacevole è onesto (1). Anche i Corsi andranno, col proceder del tempo, soggetti allo stesso cambiamento, chè la odierna civiltà è atta a tanto. E già se ne veggono i non dubbj vestigj nelle città del littorale, essendo queste più spesso al contatto coi nazionali di Francia. Con tuttociò lunga pezza dovrà trascorrere perchè l'interiore dell'isola sia d'animo e di corpo francese. È opera di molti secoli cambiar lingua e costumanza a un popolo, specialmente allora che questo popolo è ligio delle usanze degli avi suoi, ed è animato dal sentimento nazionale che è cupido di manifestare a ogni incontro. E

(1) Questo principio, che serve di base a tutta la filosofia di Melchior Gioja, è stato battuto, distrutto dall'Aquinate del secolo decimonono, il Rosmini, da quel Rosmini, che per elevatezza d'ingegno, per acume di mente, per vastità di dottrina, al di sopra di tutti primeggia oggi in Europa tanto, quanto in limpido cielo « Sovra gli astri minor l'argentea luna. » L'intenderlo è di pochi, perchè colla scienza degli *abrégés*, a cui s'applica la crescente generazione, si va poco in là nel gran mare della scienza.

sassel la Francia, quantunque nazion potentissima, a qual caro prezzo ottenne della Corsica il dominio. E certamente non sarebbe finita sì presto la lotta, se il pensiero d'appartenere per lo miglior suo bene e della patria a una grande nazione, che essere ad ogni istante tiranneggiata da piccoli despoti non avesse persuaso i Corsi ad arrendersi. Quante belle cose non mi si parerebbono innanzi a narrare di questo popolo originale, ma io non fo l'istoria della Corsica. Ho voluto solo esporre in questa mia prima lettera poche riflessioni, dirette a torre dalla mente di chi legge quella sinistra prevenzione che in generale si ha della medesima, a ciò mosso da amore di verità e di giustizia. In un'altra mia vi darò, come meglio mi riuscirà, la topografia di quest'isola, affinchè parlato che avrò della parte materiale di lei, passi a discorrere del naturale degli abitanti, naturale che, a mio credere, in non poca parte dipende dalla fisica costruzione della medesima.

Addio, mio caro professore. Continuate ad amarmi, come avete fatto finquì, e sicuro di tutta la mia corrispondenza, tenetemi sempre

Vostro Aff.mo Amico,
GIOACCHINO PROSPERI.

Lucca, 28 giugno 1843.

LETTERA SECONDA

CENNI TOPOGRAFICI DELLA CORSICA.

LETTERA SECONDA

CENNI TOPOGRAFICI DELLA CORSICA.

Carissimo, e Chiar^mo Amico,

Dopo avervi fatto, nella lettera antecedente, quelle riflessioni sulla Corsica, che per amore di verità e di giustizia credetti opportune, secondo la fattavi promessa, colla presente vi darò alcuni cenni topografici della medesima, secondo quelle poche osservazioni che hò fatto : dico poché, sì perchè ho dovuto impiegare il mio tempo negli affari della religione, principale motivo delle mie corse in quell'isola, sì perchè non essendomi di troppo occupato di cose fisiche, non mi son trovato in caso di rilevare quanto v'ha d'importante su quella terra.

La Corsica, isola adjacente all'Italia, debbe essere stata, siccome questa, una delle ultime terre scoperte dalle acque del mare. È situata quest'isola, contando dall'isola del Ferro, tra 41° 21' e 42° 52' di latitudine boreale, e tra 26° 18' e 27° 24' di longitudine. Assegnando alla medesima i geografi leghe 36 di lunghezza e 15 di larghezza, la sua superficie non eccederebbe la grandezza di 500 leghe quadrate. Qualche altro geografo le dà 49 leghe di lunghezza sopra 19 di larghezza, e credo che si accosti più al vero. Il punto poi inferiore del globo, corrispondente alla parte centrale della Corsica, è situato alla latitudine australe 42° 12', e longitudine 206° 51'. È una località nel mar del Sud, a cui la terra più vicina è la nuova Zelanda. Ma quando vi ho dato la dimensione di leghe 36 di lunghezza che le assegnano i geografi, non voglio che crediate che con 108 miglia di strada voi dalla punta del Capo Corso possiate venire alla punta di Bonifazio : giacchè quella non è che la misura geografica calcolata a gradi. Infatti partendo dall'isoletta Giraglia, scoglio piuttosto, che forma la punta di Capo Corso, fino alla punta di Cala, estremità meridionale dell'isola alle bocche di Bonifazio, percorrerete una strada meglio di duecento miglia italiane. Imperocchè essendo la Corsica tutta montuosa (se ne togliete una stretta striscia a Levante, lunga forse una sessantina di miglia, che piuttosto che pianura dovrebbe appellarsi una inclinazione de' monti che le fan fianco e che insensibilmente discendono sino al mare), difficilmente percorresi ; tortuosi essendo e in mille ambagi ravvolti i sentieri. E perciò che alla larghezza appartiene, se dal promontorio. Sud-Ovest che divide il golfo di Chioni dal golfo di Pero, vorrete attraversare nella sua maggior larghezza l'isola e arrivare fra S. Diana e la foce del Tavignano all'Est, farete un tragitto forse di settanta e più miglia.

Ma non vi aspettate che io molte cose (poichè non è questo del mio scopo principale) sia per dirvi del materiale di quest'isola. Le montagne della Corsica appartengono a quelle di primitiva formazione. Il feldespato, il quarzo, la mica, essendo componenti principali delle montagne di tutta l'isola, e il non trovarsi nessun vestigio di testacei fossili, ne danno non dubbj indizj. Una catena di montagne, partendo dal Capo Corso, si estende fino a Bonifazio, attraversandola così per lo lungo dal Nord al Sud, la qual catena si ramifica in mille svariati modi dalla parte di Levante e di Ponente; con questo divario, che dalla parte di Levante queste ramificazioni insensibilmente decrescendo lasciano una assai larga e molto lunga pianura, d'aria poco salubre in alcuni luoghi. Là dove, dalla parte Nord-Ovest e Sud-Ovest, giungono fino al mare scogliose e nude, e in alcuni luoghi perpendicolarmente lo dominano, se eccettui l'altipiano fra Calenzana e Calvi, bagnato dal rio Ficarella, e da altro piccolo rio che passa in vicinanza di Calenzana, di cui ignoro il nome, e che

si scaricano ambedue nel golfo di Calvi. Dalla punta di Capo Corso fino in Bastia all'Est, e dalla medesima fino a San-Fiorenzo Ovest, puossi dire una
continuata montagna non molto elevata, che finisce da ambo i lati sul mare, quasi senza spiaggia.
Fra Bastia e San-Fiorenzo, vi è Montebello che
lega le montagne del Capo Corso con quelle del
Nebbio che continuano poi a Levante, dominando
la Tavagna, la Casinca, e ripiegano nella valle del
Tavignano e del Fiumorbo. Il gruppo, o dirò meglio, la parte più gigantesca della catena de'monti
corsi, e che serve quasi di nucleo e di punto di
partenza alle inferiori diramazioni, incomincia dalle montagne d'Asco, e piegando al gruppo delle
montagne del Cinto che formano la parte Nord
de'monti del Niolo, volta al Sud-Est fino al monte Rotondo, il più elevato di tutti; poscia decli-
nando un po' a Levante, arriva al monte d'Oro,
attraversa Vizzavona, e continua sino al monte
detto del Cagnone sopra Bastelica. Quindi vol-
gendo alquanto a Levante e scendendo poscia al
Sud si trova il monte del Coscione, e più basso in
continuata catena il monte Cagna fra Sartene e
Portovecchio, montagne che all'Est e al Sud decrescendo sempre vanno a terminar fino al mare.
Partendo da San-Fiorenzo, e viaggiando a Oc-
cidente, una catena di montagne ritrovasi lungo
il Nebbio, e continuando sopra Ostriconi ripiega

un po' più dentro terra e va a congiungersi alla foce di S. Antonio sopra Belgodere, si unisce al
Tombolo e alla Speloncataccia, che domina la sempre verde Balagna, e va ad accoppiarsi cogli altri
monti che signoreggiano Calenzana. Essendo la
Corsica, come ho già detto, tutta montuosa, e divisa in valli, ora più ampie e lunghe, giusta la maggiore o minore elevazione delle montagne medesime da cui son formate, riesce male a tener dietro a tutti gli andirivieni che queste stesse diramate catene formano, e però questo poco vi basti
per averne una lieve idea. Vi dirò due parole
de'fiumi principali. Il Golo e il Liamone davano
i nomi, tempo fa, ai due dipartimenti della Corsica. Il Liamone è nel di là da' monti e guarda
l'Ovest; il Golo nel di quà e la sua foce è rivolta
all'Est.

Il Golo trae le sue sorgenti dagli scoli del Tozzolo che domina il lago d'Ino, e riceve le acque
della valle del Niolo, nel di cui seno scorre questo
fiume. Scende quindi precipitoso sempre fra le
rupi sotto le scale chiamate di Santa Regina, arriva a Castirla, costeggia quindi lo stradone postale
che viene da Ajaccio in Bastia, e alla distanza di
quindici miglia da questa città si scarica nel mar
Tirreno. Il Liamone trae le sue scaturigini dai
monti centrali di Orto e di Soccia, paesi che hanno alle spalle l'altissimo Campotile, passa tra Vico

e Murzo, riceve più a basso nel suo letto il Cruz-
zini e sfocia in mare fra il golfo di Sagona e quello di Liscia. Merita ricordanza anche il Tavignano
e il Valinco, volgarmente chiamato il Rizzanese.
Dall'accennato gruppo di monti prende pure le
prime sue acque il Tavignano, bagna la città di
Corte situata al confluente di questo col Restoni-
ca; quindi più a basso riceve il rio Fao, poi il
Vecchio e sbocca nel mar Tirreno presso Aleria.

Il Valinco ha sue polle sopra Aullene vicino alle montagne del Coscione, riceve il Rizzanese e
il Fiumicicoli, e dietro Propriano si scarica nel sottoposto golfo, che da esso il nome di golfo di Valinco riceve. Il Taravo, il Gravone anch'essi sono
di qualche considerazione. Questo, traendo la sua
origine dai monti di Bocognano, fiancheggia la
strada postale che da Vizzavona mette in Ajaccio
e sbocca nel golfo che prende nome da quella capitale. Il Taravo parte dal monte Cagnone, e ricevendo tutte le acque di quella vallata, giunge fino
al mare entrando nel lato destro del golfo di Valinco, chiamato impropriamente golfo di Taravo.
E giacchè parlo de'fiumi vi dirò che tanto i maggiori quanto i minori sono abondantissimi di trote
squisite e di anguille di una rara delicatezza. Ma
quelle del fiume Regino in Balagna, che entra in
mare dopo brieve corso fra Ostriconi e l'Isola-
Rossa, sono fra le migliori di tutta l'isola le ottime.

Quest'isola, mentre a Levante sembra in rettilinea tagliata, talchè dall'isolotto Nord della Giraglia, all'isolotto Sud del Cavallo non si trovi che il golfo di Portovecchio e quello di Santa-Manza; dalla parte Nord-Ovest è tutta frastagliata da golfi, da seni; e solo de'golfi se ne contano diciannove, il più bello, più comodo, più sicuro de'quali è quello di Ajaccio, lungo quindici miglia°e largo alla sua imboccatura altrettanto. Riguardo alle montagne sono esse la maggior parte di granito, di schisto micaceo, di serpentina, d'arenaria; il porfido diaspro si ritrova in varj luoghi, ma bellissimo è quello de'monti della foresta di Tartagine nel canton di Giussani. Bello per il suo aspetto è una specie di granito che si trova presso Santa-Lucia di Tallano, chiamato *orbiculare*, il quale in qualunque senso si tagli, presenta degli ovoli a strati concentrici. Ma bellissimo è quello della gran roccia che giace presso al mare, fra Corbara e Algajola, in Balagna. Questo granito non differenzia che di pochissimo dal granito orientale: nel colore, lo rassomiglia moltissimo, solamente è di grana un po' più grossa e un po'meno compatto. Di questo granito fu formata la base della superba colonna *Vendôme*, che ricorda i fasti Napoleonici. Chi mi avesse detto quando io, nel 1833, osservava in Parigi quella colonna, e ne considerava la base, che sei anni dopo avrei veduto la gran roccia, da cui que'massi

furono spiccati, l'avrei creduta una fola. Di questo
stesso granito n'è stata fatta una colossale colonna,
che due volte ho veduto sul luogo stesso ove è stata tagliata, lunga, sebben ricordo, palmi sessanta-
nove con un diametro di palmi dodici, colonna
destinata ad essere inalzata sulla gran piazza del
Diamante in Ajaccio, in memoria dell'Imperatore
Napoleone. Parlando però in generale del granito
corso, esso, per quanto colla mia piccola esperienza ho potuto osservare, è più friabile e vitreo al
tempo stesso, di quello che osservai sulle Alpi di
Svizzera, di Francia e d'Italia. Invano cercheresti
i bei cristalli di feldespato che si trovano nel granito del Lago Maggiore. Essendo esso a strati non
molto larghi, non presenta que'massi giganteschi
come quello del monte Orfano a Feriolo, d'onde
sono state tagliate le stupende colonne che hanno
servito per ricostruire il famoso tempio di S. Paolo
di Roma, e che hanno preso il luogo delle antiche e preziose colonne di cipollino egiziano, che
calcinate furono dal terribile incendio che distrusse quel tempio antico, rarissimo. Nè a ciò che ho
detto poc'anzi intorno agli strati del granito corso
osti la gigantesca colonna testè accennata. Il granito di quella non è stato tolto da una montagna
a filoni regolari, ma da un masso che giace in una
pianura distante dal mare forse trecento passi. Non
essendo però questo masso rotolato là per effetto

di qualche catastrofe, come di leggieri si vede, egli è certo che nelle viscere s'interna della terra e può dar materia, estraendone, a superbi lavori, ricevendo un bellissimo pulimento. Non molto abonda in Corsica la pietra calcare, ritrovandosi essa nelle vicinanze di San-Fiorenzo, di Bonifazio e in qualche altra interna parte dell'isola. Il perchè la Corsica scarseggiando così di calcina, e quella poca carissima essendo per i trasporti, si servono i Corsi per la costruzione delle loro case di una certa terra argillosa che lega assai bene. Non così de'minerali : mentre si trovano miniere di ferro, di piombo, di rame e d'antimonio ; e se finora non hanno dato nessun prodotto, debbe anche ciò attribuirsi alle vicende di quell'isola, che non hanno dato luogo a raccogliere i frutti dell'industria. Mi vien detto che siasi in quest'anno scoperta una miniera di carbon fossile fra Ota e la Piana.

Ricca è pure la Corsica di acque minerali. I bagni caldi di Fiumorbo e di Guagno, detti questi secondi anche di Vico, sono riputatissimi per la loro effieacia. Anche a una lega d'Ajaccio si trovano delle terme calde appellate la Caldaniccia, non meno che in altri punti dell'isola, come i fanghi di Barici sul golfo del Valinco. Luoghi da me visitati, tranne que' di Fiumorbo. Ma rarissima, efficacissima, operatrice dirò così di miracolose guarigioni per le malattie in particolar modo scro-

folose è l'acqua di Orezza, chiamata volgarmente
acqua acidula, che contiene molto ferro, a cui
corrono ogni anno da ogni parte gl'isolani per go-
derne i saluberrimi effetti. Io ne ho beuta : ha la
forza della birra, non disaggradevole al gusto e
pizzica alquanto. Mi sovviene essermi stata addita-
ta una sorgente simile sulle altissime montagne di
Ceresole nelle Alpi del Piemonte in riva al fiume
che scende da quelle alture, chiamato Orco.

Ma ciò che è veramente sorprendete in quest'i-
sola sono le smisurate foreste di cui è piena. Le
più belle ed ampie sono quelle di Ajtone e di Vizzavona, di Niello ed altre tali. Pini, lecci, abe-
ti, larici di smisurata altezza, di prodigiosa circon-
ferenza sorgon da .terra così dritti, così fitti fra
loro che a certi luoghi stenteresti a passarvi fra
l'uno e l'altro. Altri freschi e rigogliosi, altri già
fusti da buon lavoro, altri finalmente decrepiti per
i secoli cadere sfrantumati sul suolo, perduta ogni
vita. Mi richiamavano queste foreste alla memoria
quelle che vidi negli anni miei più giovanili nelle
Alpi d'Italia, e specialmente nella Svizzera. Ma
queste di Corsica, forse perchè situate in clima più
dolce, più vistose sono e più ricche di vita. Nè
voglio passare sotto silenzio la foresta detta di Perticato. È dessa tutta di lecci di fusto altissimo
quanto l'abete, cosa rara a mio credere, avvegnachè abbia veduto sempre cotesta pianta non pro-

tendere così elevate le sue cime; e a percorrerla
non ti ci vuol meno di tre ore di buona cavalcatura. Queste foreste saranno un giorno di gran prodotto alla Francia, ultimate che sieno le strade, e
aperte le comunicazioni fino al littorale. E già
un ampio stradone parte dal golfo di Sagona, e sa-
lendo fino a Vico si lascia a destra Renno, e passando per Cristinacce mena diritto alla foresta di
Ajtone. Fecondissimo come è il terreno di quest'i-
sola, ogni pianta vi cresce, vi fruttifica. L'olivo
dovunque; ma la regione dove più abonda è la Balagna, provincia che guarda il Nord. Da Novella
e Palasca fino a Mocale, estremità Ovest della medesima, è quasi dissi un continuato bosco di olivi. Piante annose abbandonate a se stesse, giacchè fin ad ora sono state senza cultura, forman la
ricchezza di quegli abitanti. E più frutterebbono
se l'esempio già dato dal signor dottor Nunzio Vincenti di S. Reparata, di ripulirle e concimarle a
quando a quando, come in Italia, fosse preso dagli
altri. Il frutto è buono, e l'olio, fatto bene, è ottimo. Anche nel Nebbio, di quà da' monti, nel
territorio ajaccino, nel sartenese e nell'olmetano,
al di là, l'olivo fa bene e produce buon frutto. I
vini in generale sono ottimi. La vite è ben coltivata dal Corso, e quantunque tengano essi tanti
esteri lavoratori per la coltivazione delle lor terre,
la potatura la fan da se, più di un occhio o due

non soglion lasciare al majuolo. I vini di Capo Corso, la malvasia, il moscato, e anche la così detta cottura, invecchiati che sono, riescono fra i buoni squisiti. Bastia ha vino riputatissimo. Eccellente è quel di Cervione per uso giornaliero. La Balagna ha de'vini rari, specialmente Calenzana, Algajola e Muro, e di questo ultimo, il vin detto della Prova si dee chiamar *merum*. Nell'interno, anche ne' luoghi più freddi e più montuosi, i vini riescono docili e nulla acerbi. Ajaccio ha dell'ottimo vino, ma alquanto salmastroso. I paesi vicini ne somministrano de'buoni da tutto uso. In Sartene pure ho trovato de'vini particolari e tali da lasciarsi indietro la madera, la marsalla. Il castagno fruttifica in Corsica in modo maraviglioso. Le piante hanno una straordinaria grandezza e un vigore singolare. Ve ne ha tanti in alcune regioni, come in quella di Orezza e di Rostino, che, dalla gran quantità de'medesimi, Castagniccia quella parte dell'isola si appelli. Le piante da frutta sono tutte vegete e di ottima produzione. Il fico, il melo granato, l'arancio, il limone, l'amandorlo danno frutto perfetto; il fico balagnino, chiamato colà *pinzacuto,* è il re de'fichi, e vince il marsigliese, il napolitano. L'amandorle migliori si trovano in Balagna, e le più celebrate son quelle di Calvi.

Grano, orzo, legumi, avena, granone son biade che a perfezione riescono nella Corsica. La parte però più abondante di grano è di là da'monti nelle pianure di Campo dell'oro presso Ajaccio, e in particolar modo nel territorio di Sartene, dove il grano è abondantissimo e di ottima qualità. La canapa si coltiva poco. Il lino invece, in abbondanza nel Niolo e nel canton di Bastelica.

Aggiungerò due parole su i quadrupedi, rettili, e volatili dell'isola. La razza de' quadrupedi di tutta specie è di mediocre grandezza. I cavalli sono piuttosto piccoli, ma di un vigore straordinario. Essi hanno per loro ricovero il cielo aperto; nella buona stagione si nutricano di erba, nell'inverno, di paglia. Le bestie bovine sono piccole e assai magre, conservano un aspetto salvatico; le carni però sono più saporose delle italiane. I majali vi sono in gran quantità, non sono così grassi come gl'italiani, ma la carne ha più gusto, e i salati che ne formano, sebbene non abbiano all'occhio l'apparenza italiana e francese, la sostanza soddisfa il palato più di quelli francesi e italiani. Le pecore, quasi tutte di color nero, e le capre danno buon latte e ne fanno dell'eccellente formaggio, e migliore addiverrebbe se ne studiassero il modo. Quello del Coscione e di Venaco è celebratissimo. Anche il burro riesce buono : squisitissimo quel di Ziliara. Non debbo tacere della ricotta, in lor vernacolo chiamata *broccio ;* se ne mangia presso che tutto l'anno; ma nella prima-

vera è di una rara squisitezza. La selvaggina in
Corsica è abondantissima; molti si trovan cinghiali, specialmente di là da monti, essendovi più
foreste. Le lepri, le pernici vi sono in quantità :
ma i merli e i tordi, di una grassezza straordinaria,
all'epoca del lor passaggio, riempiono gli oliveti e
le macchie. Là Corsica non ha bestie feroci; non
orsi, non lupi : l'animale più terribile per l'ar-
mento è la volpe. I cani corsi sono buoni per guardia, ma non son belli; ve n'ha da caccia di abilis-
simi. Nè tampoco bestie velenose, come la vipera
o altro rettile di tale specie, si trovano in Corsica. Il
solo insetto velenosissimo è il theridion, in vernacolo *malmignatta* o *malmignatto*. È desso il doppio e anche il triplo più grosso di un formicone,
a un dipresso ha le stesse forme, tranne la testa
che è tonda e rossa con due occhietti neri che ri-
lucono come il vetro, visibili a occhio nudo, il suo
veleno è potente, fa la sua casa nella terra, ordinariamente ne' prati. Si cura la sua morsicatu-
ra come quella della vipera. In alcune parti di
Corsica si servono di una pietruzza, composta non
so di che, la quale applicata subito alla morsica-
tura ha la virtù di assorbire il veleno. Il mare di
Corsica somministra da ogni parte copiosa e buona
pesca. Bastia, atteso il suo stagno vicino, ha il pesce
ragno in gran quantità. La triglia è grossa, fino
del peso di tre libre nel mar d'Ajaccio, di Sagona

e quasi generalmente in tutta la costa occidentale. Le locuste, moltissime e buone. Tanto la caccia-gione che la pesca, anni sono nell'isola, erano a vilissimo prezzo : oggi col comodo de'battelli a vapore, gl'incettatori ne fanno ampie proviste e le portano in Francia.

Vi accennerò brevemente le grandi strade che da dodici anni in quà si sono incominciate dal governo francese, per rendere agevole il viaggiare e i trasporti. Prima del 1830, l'unica strada puossi dire carrozzabile dell'isola era quella da Bastia ad Ajaccio. Il governo avendo incominciato a conoscere il prezzo della Corsica, si è mosso a far costruire strade per i luoghi principali dell'isola. N'è stata tracciata una sul littorale che deve percorrere tutto il territorio corso all'intorno. Infatti da Bastia in brieve si andrà a Portovecchio sulla riva orientale per ottima strada. Un ramo di strada è aperto dal ponte alla Leccia fino a Belgodere in Balagna, e questa, costeggiando i colli di quella provincia, debbe unirsi a quella che è già aperta fra Calvi e l'Isola-Rossa. Da Bastia, un altro ramo mette a San-Fiorenzo che deve pure congiungersi a quella dell'Isola-Rossa. Da Ajaccio, un'altra magnifica strada mette a Vico, e continua fino ai bagni di Guagno. Un'altra, partendo da Ajaccio costeggia il golfo, passa per Cauro, attraversa la bocca di San Giorgio, tocca Santa Maria, Grosse-

to, Becchisano, Casalabriva, Olmeto e Sartene, e
da questa città continuerà fino a Bonifazio. Finirò
questa mia col dirvi due parole de'paesi che sono
sparsi per l'isola e del modo di fabbricare. Pare
che in antico esistessero molte città assai popolate,
come Aleria, Occilla, Sagona, Mariana e altre tali
distrutte da Saraceni e da altri popoli barbari, che
fecero nel decorso de'secoli frequenti scorrerie su
quelle coste. Quindi i Corsi, quasi inermi, costretti
a salvarsi da tante nemiche aggressioni si scostaro-
no dal mare e fondarono paesi in luoghi alpestri e
di difficile adito, per potersi così meglio difendere
dal ferro e dalla rapina degli stranieri. È per questo che la maggior parte de'lor paesi sono situati
in alte posture. Per la qual cosa difficile e dispen-
diosa la fabbricazion delle case, scabrosi essendo i
sentieri per trasportare il bisognevole. Quindi non
di mattoni, (parlo specialmente de'paesi interni,
non de'luoghi in riva al mare, dove i trasporti
sono facili) ma ordinariamente di granito si servono per la costruzione de' muri maestri esterio-
ri, e tagliando i massi a forma di modiglioni, li
sanno così ben legare insieme e incrociare su gli
angoli, che le case riescono stabili, sebbene non
usino per cemento calcina, la quale dissi esser rara in Corsica, ma di una terra che fa presa assai
dura. E per questa scarsezza di calce ne nasce,
che la maggior parte delle case siano senza scialbo

esteriore : ma ciò non nasce, come ho trovato testè stampato, dal non esservi l'uso, sibbene dalla
difficoltà di avere il necessario cemento atto a tal
uopo. Infatti le città e i paesi sul littorale per la
comodità de'trasporti marittimi, e le case di coloro ne'paesi che han modo di spendere, son tutte
intonicate di ottima calcina sia all'esterno che al-
l'interno, e in alcuni luoghi ho trovato abitazioni
da potere stare al paragone delle più belle che sono fabbricate nelle città d'Italia e di Francia. Ma
omai debbe esservi riuscita nojosa troppo e pro-
lissa questa mia descrizione, e però faccio punto.
Vi assicuro tuttavia che ho detto pochissimo in paragone di quel molto che mi rimarrebbe a dire
della parte materiale di questa terra. Ciò però che
ho affermato in queste pagine l'ho visto cogli occhi miei : quindi posso aver errato per ignoranza,
non giudicando bene delle cose, non per essere stato credulo su gli altrui detti. Ma da questo poco
deducete se poi sia così trista quell'isola che presenta il quadro che ve ne ho fatto, e quanto sieno mentitori, ignoranti coloro che con colori tanto
neri ci dipingono quella terra. Il filosofo, il poeta
ravviseranno sempre la terra corsa per un campo
da porgere ai loro pensamenti, alla loro imagina-
zione profondi concetti.

Voi non conoscete quest'isola. Vi faccia na-
scer l'idea questa mia di far colà una gita, e il vo-

stro sottile ingegno troverà vasto spazio ad aumen-
tare l'idea del grande, del sublime, in una parola dell'immensa natura. Addio.

Lucca 7 luglio 1843.

Il vostro Amico,
GIOACCHINO PROSPERI.

LETTERA TERZA

NATURA DE' CORSI. — POPOLAZIONE. — DIALETTO CORSO.

LETTERA TERZA.

NATURA DE' CORSI. — POPOLAZIONE. — DIALETTO CORSO.

———❦———

CARISSIMO E STIMATISSIMO AMICO,

Non descrizioni di montagne, di foreste o di fiumi mi si presentano a soggetto di questa mia; ma un argomento più nobile e più degno dell'uomo, e tale è appunto quello in cui entro nella presente della natura discorrendo degli abitanti corsi, del loro numero, del lor dialetto. È questo il tema forse più spinoso che mi si affacci in queste mie lettere, avvegnachè difficile cosa sia decidere della natura di un popolo, e più difficile investigare le cause per cui la natura de'popoli diversifichi tanto. Io non entrerò a discutere questa o quella opinione; ma come altri ha esposto i suoi pensamenti, manifesterò i miei : se prenderò degli sbagli, voi o chi altri benigno leggerà queste pagine, mi compatirà, mi correggerà.

E primieramente io non mi so indurre a crede-re che il clima, nello stato presente della società, possa molto influire sulla natura de'popoli. Quindi false giudico quelle così sovente ripetute espressioni, che gli abitanti del settentrione non sentono della dolcezza di quelli del mezzodì, che il clima freddo rende l'uomo più duro e fiero, il caldo, più umano e più docile. Imperocchè esaminando i fatti, passa, a mio avviso, la cosa assai diversamente; mentre vediamo anzi nelle regioni più calde, nei climi più dolci gente ladra, sitibonda del sangue umano; e non per nulla alla costa dell'Affrica dirimpetto all'Europa diedero gli antichi il nome di Barberìa. Là dove trovi sulla Vistola e sulla Neva chi ti sa mostrar cuor largo, maniere affabili. E ciò che mi spinge ad asserire che il clima, nello stato presente della società, poco influisca a formar la natura de'popoli, si è il considerare che il medesimo paese, sotto il medesimo clima, in diversi tempi, ha dato popoli di diversa natura. Prendiamo per mo' d'esempio l'Italia. Se si ha da credere alla storia, troviamo che gli antichi popoli italiani come i Sabini, i Sanniti, i Falisci, i Salassi, i Liguri (1), gli Etruschi, i primitivi Romani, avevano un carattere ben diverso da quello che mostrarono questi popoli, tutti insieme riuniti dal ferro romano sotto gl'imperatori; e il secolo de'Corio-

(1) Virgilio li qualifica per uomini incalliti nella fatica, *assuetumque malo Ligurem.*

lani e de'Cincinnati diversificò di molto da quello
de'Cesari, de'Luculli e delle Messaline. Nel progresso de'tempi, l'Italiano riprese alquanto l'antico suo tipo, e il nerbo, la fierezza, il coraggio mo-
strato nelle moltiplici guerre che si succedettero
l'une all'altre, e lo spirito tenace di parte per so-
stener la propria fazione abbastanza lo mostrano.
Ma le cose a poco a poco cambiarono, e coll'indol-
cir sempre più oggi a tal segno siam giunti, che
una gran parte di noi non più nerbo mostri ma
eccessiva pieghevolezza d'animo e di corpo, non
più dignità e fermezza, ma leggerezza, ma mutabi-
lità; e il coraggio che i nostri antichi spiegavano
ne'più difficili cimenti, noi lo mostriamo alle mense, ai balli, al tavoliere, alla passeggiata facienti
sostegno non di rado al fianco di rotta donna. Eppure è a credere che il clima sia stato sempre lo
stesso in Italia. In egual modo discorretela della
Francia. L'epoca di Brenno non somiglia quella
di Luigi XIV. E anche in Francia sono certo che
il clima sarà stato sempre il medesimo. Ai tempi
di Polibio invano avresti cercato sul suolo greco i
Leonida coi trecento, o un Temistocle contro le
poderose falangi di Serse. Eppure il secolo e il
clima greco fu sempre lo stesso.

La religione secondariamente sarebbe un'altra
causa della varietà circa la natura de'popoli : ma
la sua azione da altre forze, nel presente stato di

cose, vien diminuita, e a lungo andare distrutta.
Il gentilesimo, sul terreno italiano, ci ha dato in
un'età popoli sani e coraggiosi, in un'altra popolazioni corrotte e vigliacche. Nel periodo dell'era
cristiana è accaduto lo stesso. Quindi io affermo
che solo nello stato d'infanzia (1) le accennate
cause, il clima, la religione, la località stessa del
paese sono i veri elementi da formare la natura di
un popolo : soggiogato, dominato, non più. Contuttociò non vorrei ostinarmi a sostenere che il
clima e la religione, anche dopo quel primo stato,
non continuino ad imprimere qualche vestigia
nella natura de'popoli. Un clima freddo, mentre
da un lato rende l'uomo più forte di fibre, dal-
l'altro lo intorpidisce e lo rende più lento. In un
clima caldo, è più agile e si trova più precocemen-
te sviluppato. Come una pianta, chè nella parte
vegetante siam piante anche noi, in riva al mare
è primaticcia, serotina in monte. E quantunque
le impressioni del clima vadan tutte a ferire il fi-
sico, siccome questo agisce sull'animo, una qualche
modificazione debbe anch'esso provare ; ma non
sarà cotesto un accidente di gran rilievo. La religione piuttosto, esercitando la sua azione sull'animo, dovrebbe modellar tutti gli uomini circa la

---

(1) Chiamo stato d'infanzia quello di un popolo che non ha sofferto
l'azione del braccio dell'estraneo.

sostanza egualmente, e in questo sarebbe essa la
causa più atta a conseguire l'intento ; ma gli uomini e le società umane son circondate da troppe
cause estrinseche che distruggono nella massima
parte la forza di lei. Quindi è facile a osservarsi
che una stessa popolazione, regolata dalla stessa religione, varii sullo stesso paese in proporzione delle
cause estrinseche distraenti, per esempio Parigi e
Dôle, Firenze e Pistoja, Bologna e Viterbo.

Da ciò io deduco, giusta il mio modo di vedere,
che altre debbon esser le cagioni onde spiegare,
nello stato presente di società, il naturale diverso
de'diversi popoli. E ad una causa sola tante varia-
zioni riduco : è questa il sistema di governamento.

Il sistema di governamento modifica gli effetti
del clima e della religione ne'popoli soggiogati.
Mira l'Affrica dopo la conquista di Maometto. Le
diverse forme governative sono state quelle che
hanno fatto comparire, sotto lo stesso clima e sotto
la stessa religione, popoli di natura diversa. Quindi
di nuovo inferisco che il vero carattere di un popolo non si conosce che nello stato d'infanzia (1).
Quindi sotto le forme di governamento qualsiasi,

---

(1) Quando dico stato d'infanzia, non intendo parlare dello stato
selvaggio di un popolo. I popoli in origine non furon selvaggi. In alcuni luoghi divenner selvaggi. Quali fosser le cause di questa degenerazione sarebbe prezzo dell'opera investigare. Adamo, capo della prima società, stipite di tutto l'uman genere, non fu collocato da Dio in

qualora non sian queste le forme primigenie governative emerse dal seno del popolo stesso, non
si può stabilire qual sia la natura del medesimo.
Ma lo stato d'infanzia non esiste più ne'popoli che
compongono le presenti società. Infatti sono essi
adulti, sono illuminati, sono stati inciviliti, sono
stati signoreggiati, hanno subìto la forza di un
braccio modificatore, e però non hanno più tipo
proprio, il tipo cioè della natura. Ma a quale scopo questa dicerìa direte voi? per poter dare una
spiegazione alla natura del popol Corso, fiero e co-
raggioso tuttora, nel tempo stesso che ha lo stesso
clima d'Italia, la stessa religione d'Italia. Ora dovendo parlar io come mi son proposto del naturale di questo popolo, mi è forza, dopo i principj
sopra enunciati, aggiungere qualche ragionata ri-
flessione sul medesimo, prima ch'io venga ad applicare la causa efficiente di sua natura fattizia già
di sopra accennata.

E quì è a por mente come per tutti gl'isolani

uno stato selvaggio, ma all'apice della vera civiltà, quindi della libertà.
  Un popolo adunque nello stato d'infanzia intendo quello, che usando
rettamente della ragione, elemento comune a tutti, sa provvedere a se
stesso con savie leggi. Dico che un popolo in questo stato solamente
può mostrare il suo carattere naturale, perchè i suoi usi, le sue leggi,
tutto quanto in lui si ritrova è consentaneo al clima, alla religione,
alla località stessa in cui giace. Dico che soggiogato d'ordinario perderà
il tipo di sua natura, e prenderà le forme della man che l'ha oppresso.

milita una causa comune da cui non sono affetti i continentali. Questa consiste nell'essere questi popoli isolati da tutti gli altri. Gli effetti di una tal posizione sono primieramente l'esser più vicini allo stato d'infanzia. Siccome l'uomo nello stato d'infanzia non conosce superiorità in se stesso verso degli altri, nè di alcun altro verso di lui, tranne la divina e la paterna, o quella che egli riceve o dà per lo governamento della nazione, ne nasce che egli sente il pregio della sua libertà, a questo sentimento si avvezza, questo coltiva, e questo, corroborato dallo spirito de'suoi connazionali, lo rende insofferente di ogni violenza. Che se fia che prepotente forza l'opprima, egli sarà sempre in uno stato di coazione, e alla fierezza natìa che gli spira il sentimento della goduta libertà, unendo il coraggio, l'ardire, la disperazione fin anco per respingere una forza che vuol rapirgli il maggior de'beni, egli s'abbandona a se stesso, e non conosce più limiti a inferocire.

Questo effetto si verifica in tutti gl'isolani. Noi continentali, avvezzi da secoli ad esser signoreggiati, siamo poco atti a sentire questo vero. Ma egli è certo che quando un popolo incomincia a esser dominato e governato da estraneo invasore, incomincia pure a perdere parte di sua libertà. Se il governamento poi si estenda a circoscrivere, modificare, regolare, diminuire cert'atti esterni quantunque di lor natura buoni o indifferenti, altrettante si tolgono ai membri del corpo sociale particelle di questa libertà; di modo tale che questa sublime facoltà dell'uomo a poco a poco venga sequestrata nella sua primitiva sede nell'interno, vo'dire, dell'uomo stesso. La storia de'popoli mi porgerebbe ampj fatti a meglio sviluppare questo importante argomento, ma tenendo dietro a siffatto discorso mi allontanerei troppo dal mio proposito.

Torniamo a bomba. La separazione, la chiamerò così, in cui si trovano gl'isolani per lo mare che li circonda, tenendoli lontani dal mondo incivilito, fa sì che non conoscessero e non conoscano la maggior parte di essi molti bisogni di cui non può far senza una società incivilita, bisogni dal lusso partoriti e dalla mollezza. Quindi, paghi di una vita frugale e dura, disprezzan quello che non ebbero in uso gli avi loro, e sostengono con sentimento patrio e con orgoglio nativo le loro costumanze. Questi due effetti tanto più si verificano quanto più son discoste le isole da Terraferma, perchè più difficile, e però più raro il passaggio da questa a quelle e vice-versa.

A tuttociò arroge una ragione tutta propria della Corsica, cioè la costruzion montuosa della medesima; per lo che, mentre è divisa pel mare col resto della terra, e divisa, dirò così, per gli al-

tissimi e difficilissimi monti, con se medesima. E
perciò poche le relazioni fra paese e paese, nulle un
tempo quelle di commercio, perchè trovava il
Corso sul suo terreno quanto gli facea mestiere a
soddisfare i bisogni della vita. Quindi, tranne nelle
grandi adunanze popolari per provvedere alle patrie necessità, in cui i comuni in un luogo stabilito
si ragunavano, era raro il caso che gli uomini stessi
d'un paese al contatto venissero con quelli d'altro
paese. Non parlo delle donne che non uscivan mai
dalla propria terra, eccettuato il caso di nozze.
Anzi eran tante le cautele riguardo al sesso femi-
nile, che, se ti fosse capitato di ricevere ospitalità
in casa corsa, mentre ti saresti veduto trattare con
cordialità non verbosa, ma operativa, invano a-
vresti aspettato di vedere una sola delle donne di
casa. E anche poco fa in alcuni paesi si conserva-
va così questa divisione fra'due sessi che nel carnevale, a fine di onesta ricreazione, gli uomini bal-
lavano da se soli. Cosa ridicola in vero agli occhi
di un popolo incivilito, perchè in siffatti balli la
mollezza non trova pascolo, e la filosofia del secolo
un mezzo onde ammollire sempre più i popoli, e
renderli effeminati. Ercole finchè fu Ercole fe' prodigj: ma la conversazion delle donne, invece della
clava, gli mise la rocca al lato, il fuso in mano.
Annibale finchè ricordò il giuramento fatto al
padre, la fama lo celebrò capitano invincibile a

Canne, alla Trebbia, al Trasimene : le mollezze di Capua lo spinsero a fuga vergognosa.

Una nazione adunque circondata da ogni parte dal mare, priva quasi dissi di relazioni col continente, di difficile comunicazione con se stessa per la scabrosa natura, ci presenta un popolo guardingo, serio, amante d'indipendenza e all'uopo fiero. E sarebbono state queste le primigenie qualità del Corso, che ci avrebbon dato il tipo di sua natura, se quel paese avesse potuto a suo modo governarsi. Ma il punto che occupa nel Mediterraneo, come fece sempre invidia a tutte le nazioni, così di tutte fu sempre il bersaglio. Il perchè la Corsica, fin da tempi immemorabili, fu sempre costretta a lottare con estranei pretendenti che ne ambirono a vicenda il possesso. Di quì l'origine di quella fierezza, di quell'insofferenza all'ingiuria, e quindi di quella vendetta che, al dir di tanti, pare sia la caratteristica di quel popolo; e queste prave qualità appunto, se esistettero e se in parte esiston tuttora, dal modo le ripeto con cui fu sempre governato. Imperocchè, finchè la Corsica si considera separata dal mare, fuori di relazioni estere, di pochissime con se stessa, nulla presenta di dispiacente, anzi è dessa nel suo stato d'infanzia, gode di sua libertà, ha i costitutivi per qualificare la sua natura. Se col girare de' secoli comparisce fiera, vendicativa, questo non è che l'effetto della prepotente dominazione, contro cui quella nazione volle fino agli estremi lottare. Incominciò per la Corsica quello stato di ostilità fin dal tempo dei Cartaginesi che la soggiogarono. I Romani la conquistarono ad onta della resistenza de'Corsi. Caduto l'impero romano, il Greco se ne impossessò. I Vandali in seguito, i quali furono scacciati da Belisario per mezzo di Cirillo; i Goti e poscia i Longobardi la tolsero ai Greci, e gli Arabi ai Goti e ai Longobardi. Stefano IV, per opera di Ugo Colonna, la sottomise, ma i discendenti di questo portarono alla Corsica il bel frutto di guerre intestine, sanguinose. Roma per mezzo d'un conte di Barcellona procurò abbonacciar le faccende, e le sedò, ma a condizioni assai dure, che furon poi tolte da Gregorio V. La Corsica intanto tornò a nuove interne lotte per la prepotenza de'grandi, e quindi abbandonata agli orrori dell'anarchia. Il marchese di Massa Marittima, mandato da Gregorio VI, riordinò alquanto le cose pubbliche, e frenò il soverchiar de potenti. Finalmente il Papa Gregorio VII la diede in feudo a Pisa. Sotto il governo di Pisa, la Corsica ebbe tregua. I Genovesi gelosi, previe ripetute guerre, la tolsero ai Pisani. E di qui ripiglia una nuova età per la Corsica di guerre, di soverchierie, d'ingiustizie, di ladroneggi, d'incendj, monumenti storici che abbelliranno in eterno il diadema di quella amena repubblica. In tutto questo avvicendarsi di conquistatori, la Corsica sempre colle armi alla mano, sempre tinta del sangue de'suoi figliuoli, e sul sangue pure de'suoi figliuoli dovette passare per ridurla alla sua divozione la Francia, che oggi la domina. Questo stato impertanto di continua difesa, perseverante per tanti secoli, questa vita di guerra e di sangue, ognora alimentata dal governo genovese che praticò per più secoli coi Corsi come gli Algerini un tempo coi cristiani, tutte queste ᴄᴏse esacerbarono in guisa l'animo della nazione che a poco a poco si vestì di ferocia, di vendette, di stragi. Ma questo barbarismo chi lo portò se non la prepotenza degli aggressori e la perfidia de'dominanti? Oggi che un regno più umano, ed è già da molti lustri, regola quella terra, hanno i Corsi incominciato a modificare la natura fattizia, e le città e i paesi del littorale già sentono delle maniere francesi e italiane, prova lampante della forza potente che hanno le forme governative a variare la natura de'popoli. Che se anch'oggi mostra, al dir di alcuni, un non so che di fiero il Corso nelle esterne forme, questo è, credo, effetto dello stato tempestoso in cui son sempre vivuti, ond'è che ne riportin sul sembiante le impronte. Imperocchè io penso che in un'età in cui un popolo si trova nella schiavitù e nel sangue, dovunque regna lo spavento, la tristezza, il rancore. Le madri che

concepiscono piena la mente delle idee del terro-
re e il cuor di paura e di sdegno, stampano per
vie a noi inesplicabili il tipo de'tempi su feti loro,
ed eccoti generazioni d'aspetto tristo, meditabon-
de, fiere. Con ciò s'intende quel non so che di
fierezza che traluce in una gran parte de'Corsi anche oggi giorno, e che scemerà ognora più che
sorgeranno per quella terra giorni di serenità e di
pace.

E lo spirito di vendetta che pare esista ancora,
almeno in certe parti della Corsica, è un effetto
anche questo dell'abitudine contratta per tanti
secoli di respigner colla forza la forza, e di farsi
giustizia di per se stessi, mentre nessuno prese mai
sinceramente le parti loro. Che se trovarono talvolta qualche alleato, in breve l'alleato volle esser
padrone, e quì da capo il solito stato di violenza.
Sebbene guardando con occhio imparziale gli oggetti, quel tal quale aspetto fiero che notiamo nel
Corso non lo troviamo forse più truce in tanti
paesi d'Italia? L'abitante delle montagne lombar-
de, del contado di Spoleto, di Otricoli, di Civi-
ta Castellana, d'Acquapendente e di altri paesi
non ha in verità l'aspetto più simpatico de'Corsi.
E per ciò che alla vendetta riguarda, io penso essere effetto di passione o di poca mente maravigliare della medesima, come se le regioni incivilite
andassero esenti da questo male. Egli è vero che

tra la vendetta corsa e quella de'paesi, che appo noi
si chiaman culti, passa un divario. Quella si ma-
nifesta senza simulazioni, almeno finquì; talmen-
techè se ti fosse accaduto di fare a un Corso una
soverchieria, t'era forza guardarti ovunque dal suo
archibugio, ma se hai un corso nemico lo conosci.
La vendetta invece de'paesi chiamati culti ha una
guardaroba di vestimenti. Mentre il tuo rivale ti
ride in bocca, s'asside al tuo desco, con te si ricrea;
a ucciderti, non con una palla di piombo (opera
cui il soverchio amor di se stesso non gli consiglia)
ma civilmente, qui sparge una maldicenza, là in-
venta una calunnia, altrove vitupera il tuo nome,
e per far ciò si acconcia quella veste che ha credito nel paese che abiti. In molte città e paesi, la più
usata è la ipocrisia. Ora di queste due specie di
vendetta qual sia la più perfida, la più infame,
giudicatelo di per voi.

Ma tornando al mio primo proposito, un'altra
volta ripeto, che il sistema governativo di un braccio invasore è quello che distruggendo in gran
parte la natura primigenia de'popoli, li modifica,
e li forma a talento. Lo stato di violenza, di tumulto e di morte continua in cui giacque per tanti secoli la Corsica, mentre in parte distrusse il suo
tipo originale, la rese fiera, vendicativa, qualche
volta feroce. Sebbene, ad onta di sì perpetuo deso-
lamento, a quando a quando hanno lampeggiato in

lei azioni di una generosità così maschia da far tra-
vedere che non era in essa estinto il sentimento
nativo della sua grandezza d'animo. Infatti in mezzo a questa ferità, se così ti piace appellarla, troveresti un'anima calda d'affetto, ma di quell'affetto che parla poco e molto opera a pro dell'amico;
troveresti appo il Corso una ospitalità disinvolta,
senza affettazione, cordiale; troveresti un naturale
franco, non adulatore; una mente giusta nelle riflessioni, un cuore da esserti amico a qualunque
prova più dura. Potrei, se fosse del mio scopo, con
cento fatti ne'fasti patrii narrati, provare le verità che affermo. Ma ciò che più mi convince è la
propria mia esperienza ne'cinque anni che mi son
trovato in mezzo a quel popolo.

Ma a veder meglio come le forme governative
cambino i costumi e la natura de'popoli, da un fatto il rilevo che accade nella Corsica stessa. Nasce
questo dalla legge su i matrimonj. È noto a tutti
che nessuno può in Francia contrar matrimonio
ecclesiastico se non sia preceduto il matrimonio
civile, anzi la legge dichiara spurj i figli che na-
scon da quello, legittimi i nati da questo. Di quale
effetto è causa questa legge? Che seguìto il primo
scandalo di maritarsi sol civilmente, ripetuto
in appresso, oggi si trovano in Corsica molte
coppie solo legalmente sposate. E siccome ai figli
nati da siffatti matrimonj accorda la legge il diritto

4

di successione, negandolo a quelli nati dal solo matrimonio ecclesiastico, si è di tal guisa aperta la via al concubinato. Esempj di tal fatta erano sconosciuti in antico, e avrebbono messo a fuoco e a fiamme un paese. Oggi non solo si sopportano, ma si guardano con occhio d'indifferenza perchè hanno la sanzione della legge. In antico se un giovine avesse toccato anche per celia lo *scossale* o il *velese*, che suole portare in capo la fanciulla corsa, era obbligato a sposarla sotto pena della vita, o di aprire un'inimicizia sanguinosa fra i due parentadi. Oggi non si va più con tanto riserbo, e in cinquanta anni questo estremo rigore non protetto dalle leggi si è tanto modificato, specialmente sul littorale, da far maravigliare chi lo consideri, e da toccar forse presto l'estremo opposto.

Questo solo fatto basti per cento altri che potrei citare in conferma del mio principio, che le forme governative, nel senso per noi discusso, modificano e arrivan anche a cambiare affatto la natura de' popoli, e che, per giudicare della medesima, forza è rimontare allo stato d'infanzia.

Dopo di avere così discorso della natura del popol corso, quale sarebbe stata nello stato d'infanzia e quale è comparsa per lo avvicendarsi di tante oppressioni, parlerò ora brevemente del numero degli abitanti dell'isola. Una statistica che ho sott'occhio del 1833, fa ascendere la popolazione a due cento seimila abitanti, ma son d'avviso che oggi arriva a due cento trenta mila. Imperocchè è dessa in giornaliero aumento, sì per il numero degli esterni che colà prendono fissa dimora, sì per la pace e per la prosperità di cui gode, onde è che meglio vegeti e più feconda sia perciò la generazione.

Questo dipartimento è diviso in cinque circondarj, e questi circondarj in cantoni. Ogni cantone ha il suo capo luogo, e questo un numero di comuni da cui dipendono.

Ajaccio ha dodici cantoni e settantadue comuni.

Bastia, venti cantoni e novantacinque comuni.

Calvi, sei cantoni e trentaquattro comuni.

Sartene, otto cantoni e quarantatrè comuni.

Corte, quindici cantoni e cento due comuni.

Di queste città mi riservo a parlarne altrove, quando le mie gite per l'isola mi vi condurranno.

Ogni capo luogo di circondario (lasciando Ajaccio che è sede di prefettura) ha un sotto prefetto, un tribunale di prima istanza con un presidente, un procuratore del re, un giudice di pace, un commissario di polizia, e una guarnigione di truppa di linea e di giandarmeria.

Ogni capo luogo di cantone ha un giudice di pace, e una stazione di giandarmeria.

Ogni capo luogo di circondario e di cantone, ed ogni comune ha un *Maire*, che chiameremmo presidente o podestà, a cui spetta, qualora non vi sia un commissario a parte, la polizia del paese.

Usi particolari al dì d'oggi che meritino qualche commemorazione non li conosco, tranne quelli che riguardano i morti e i funebri uffici, di cui parlerò quando discorrerò della religione. Dirò invece qualche parola del dialetto corso, e con ciò farò fine a questa mia lettera.

Qual fosse ab antiquo la lingua corsa lo ignoro. Per quanto estere nazioni l'abbiano dominata e con le armi colà portassero la favella, son d'avviso che la lingua di quell'isola fu in tutti i tempi quella che si parlò in Italia. Oggi il dialetto, e ciò dagli esordj primi di nostra lingua, è italiano, e così bello e così puro quanto altri mai de'dialetti del bel paese.

Per giudicare però della lingua parlata in Corsica non bisogna fermarsi alle città o ai paesi del littorale. Quivi, per il contatto continuo co'nazionali francesi, la lingua nativa si va convertendo ogni giorno più in un barbarismo da non intendersi, a lungo andare di tempo, nè dal francese nè dall'italiano : per mo'd'esempio, *mi son trompato, non vi cregno, m'amuso, mi son promenato*, e di tal fatta cento gergoni barbari che fan ridere, effetto indispensabile del contatto francese. Ma nell'interno, ne'paesi lontani dal mare, nel Niolo, per esempio, il dialetto è tutto italiano, poetico, espressivo, sentimentale, abbonda di parole antiquate ma

di buon conio, come *avale* per ora, *nimo* per niuno, ha di parole che non si trovano nel vocabolario italiano, come *mondolo,* vocabolo con cui chia-
mano quell'arnese che serve a pulir il forno dopo
che è stato scaldato, derivato così bene dal verbo
mondare.

Hanno de' frequentativi a primo aspetto curiosi,
ma non discari. Per indicare uno che recita Pater
nostri, *Paternostreggia; Diciolare,* il *dictitare* dei
Latini, e cento e mille di simil fatta. E quì per saggio del dialetto corso avrei voluto riportare alcuni
canti popolari chiamati *voceri,* ma siccome molti
ne ha pubblicati il Sig. Tommaseo, e il Sig. Gian-
vito Grimaldi già conosciuti in Italia, a quelli vi
rinvio. Leggeteli, e vi troverete caldissimo affetto,
vivissime imagini, sentimento profondo.

Addio mio dolce amico.

Tutto vostro ,

GIOACCHINO PROSPERI.

Lucca, 28 luglio 1843.

LETTERA QUARTA

RELIGIONE IN CORSICA.

LETTERA QUARTA.

RELIGIONE IN CORSICA.

———◦◦———

CARISSIMO AMICO,

· La Corsica, dacchè ricevette l'evangelio, fu sempre cattolica. Chi portasse la religione in quell'isola è sepolto nell'oscurità de'secoli. L'esser essa circondata dal mare, le poche relazioni commerciali in antico coll'Italia e colla Francia, il carattere stesso de' suoi abitanti, per cui non così di leggieri famigliarizzano essi col forestiero, tutte queste cose fecero sì che nessuna delle sette del continente europeo giungesse a infettare quell'incontaminato paese. Egli è vero che i Mori un tempo, come nella Spagna, vi fermarono stanza, ma siccome qualunque estraneo invasore era riguardato da' Corsi come un nemico che tendeva ad opprimerli, così lungi dall'accomunarsi con essi e co'loro usi, li riguardarono come aperti nemici.

Cinque erano le diocesi in Corsica, e cinque per conseguente i vescovati. E se dal numero de'conventi, specialmente francescani, si dee argomentare della religione di un paese, sarebbe forza convenire che fioritissima fosse in Corsica, avvegnachè anche adesso, dopo tante catastrofi, appajono per ogni luogo le macerie degli antichi conventi. Ma, effetto di tempi miserandi, non aveano i frati d'allora la dottrina di quelli de' giorni nostri; mentre Monsignor Giustiniani lasciò scritto che v'era fra essi frati *grandissima ignoranza*, essendovene (son sue parole) *in tanta quantità appena tre o quattro che sapessero qualche lettere* (1). Lo stesso dice il Filippini. E da questa ignoranza non andavano immuni neppure gli ecclesiastici secolari, per cui non è a maravigliare se in mezzo a tante ignoranti comunità, anche il popolo fosse ignorantissimo.

Anche i Cappuccini v'ebbero stanza. E in Bastia, e in Ajaccio i Gesuiti occupati nell'insegnamento e nella predicazione; e le due loro case superavano per il pro di que' popoli le moltissime di altri ordini, i quali nella quiete de' loro conventi, la vita di Maria piuttosto che quella di Marta prediligevano, della salmodìa e della contemplazione si dilettando. Non saprei assicurare se la sacra romana inquisizione vi abbia avuto tribunale; parmi averlo letto, ma non pos-

(1) MS. int. *La Corsica*.

so assicurarvelo. Imperocchè trovo scritto nel Filippini che surta in tal circondario una specie di setta chiamata de' Giovannali, il Papa, che allora tenea sua sede in Avignone, fulminati prima i ribelli di scomunica, poscia inviato colà un messo, questi, armata mano, assaliti i settarj li distrusse e la setta sparì.

Non sono molti anni dacchè la Corsica fu ridotta in una sola diocesi, la di cui sedia vescovale è stabilita in Ajaccio, sollevata a capitale di tutta l'isola dall'imperatore Napoleone, che colà ebbe i natali. La religione in Corsica, dall'epoca dell'invasione francese, poi della Gallica rivoluzione, feconda madre di mille religiosi disastri, fino alla Ristorazione aveva sofferto non lievi danni. Nè già all'incredulità che mai non ha avuto radici in Corsica, ma sibbene alla trascuraggine avvenuta per tanti avvicendamenti di casi debbe attribuirsi il rilassamento che si osserva in materia di religione. Infatti mentirebbe colui che asseverasse essere il popolo corso irreligioso. Io invece asserisco, per l'esperienza che n'ho di cinque anni, che è eminentemente cattolico. Nè s'ignorano, nè si mettono in dubbio da chicchessia le verità della religione. E per toccar con mano sì fatta verità bisogneria trovarsi a una missione in qualche paese di Corsica per vedere con qual frequenza, con qual frutto ascoltano la parola di Dio. Il missiona-

rio è riguardato come un inviato dal Cielo ; la sua
parola udita come un oracolo. In lui ripongono la
piena loro fiducia, non solo per le faccende dell'a-
nima , ma eziandio per le temporali dissensioni
riguardo a interessi fra loro insorte, e più volte io
stesso mi son veduto porre in mano le ragioni di
due parti contrarie per sentenziarvi; e alla deci-
sione rimettersi senza aprir bocca e andarsene con-
tenti e d'accordo i condannati cogli assoluti, E per
verità mi ha fatto specie assai leggere nella *Prammalogìa Cattolica* (1). « *Così ignorano (i Corsi)*
» *non solo i precetti di Dio , il simbolo degli Apo-*
» *stoli ed i misteri principali di nostra S. Fede ,*
» *ma perfino l'esistenza delle pene dell'altra vita.*
» *Per cessare tale ignoranza si è procurato di fare*
» *stampare i primi rudimenti di nostra S. Fede.* »
Io non so come si possa asserire una proposizion
di tal fatta, che così generalmente annunciata
non credo vera. Io non nego esservi in Corsica
non pochi individui che veramente ignorano anche le cose necessarie in materia di religione, ma
questi appartengono o alla classe marinaresca, o
alla pastorizia. Ma è d'uopo investigarne la causa.
Molti dall'età di otto o dieci anni son messi in qualità di mozzi al servizio marittimo dei bastimenti,
e certamente molti di costoro, sempre o quasi sem-

(1) Lettera citata del P. Melia, pag. 331, Tom. XIII, fasc. 18.

pre sul mare, ignoran anche le cose necessarie perchè non le sentono mai ripetere. Lo stesso dite de'pastori i quali vivono quasi tutto l'anno alla foresta, alle spiaggie e lontani son anch'essi dalla religiosa istruzione : pure ne ho sentiti non pochi, i quali, quantunque non si sapesser bene spiegare sulle verità della religione, avean certi lor formolari di preghiere pieni di verità, di scienza, di divozione da edificarmi. Ma del popolo corso in generale parlando, almeno per quel che della Corsica mi conosca, e tranne qualche cantone, la conosco tutta, non si dèe dire che ignorano le cose necessarie della fede, e l'esistenza delle pene dell' altra vita. Che se anche in qualche individuo d'altro ceto quest'ignoranza si trovasse, qual maraviglia? Fa bisogno di andare in Corsica per addurre di tali esempj? non si trovano nelle prime città del continente, città adulte, città illuminate, città incivilite? Non una volta sola mi è avvenuto di rinvenire in città italiane, nel corso delle mie predicazioni, persone istruite, addottorate in questa o quella scienza, e ignorare i rudimenti di S. Fede. D'altronde è piena la diocesi di antichi e moderni catechismi, e il zelantissimo pastore che la governa uno ne ha pubblicato con molte edizioni nelle due lingue italiana e francese, in numero di trenta mila e più copie, pel comodo dei suoi diocesani. E dico ciò, perchè il lettore nel vedere nelle lettere della *Prammalogìa* quelle parole : *Si è procurato di fare stampare i primi rudimenti di nostra S. Fede,* non creda che la Corsica fosse vuota di siffatti libri;

Egli è indubitato che la Corsica, atteso lo stato di continua violenza, di perpetue guerre, di gare e di parti accanite, ha molto nel giro de'secoli sofferto nella religione. Ma la fede non si è mai estinta in cuor corso ; e il disuso degli atti esterni, originato dai continui trambusti, fu la causa del sopimento di quella.

In prova del che si rifletta come alla voce di un missionario anche meschino, anche inetto e per iscienza e per zelo, come lo scrittore di queste lettere, tosto tutti si svegliano e corrono vogliosi a udir la parola divina, e, ricavandone il frutto bramato, a riconciliarsi con Dio. Il ceto poi donnesco in Corsica è in generale devoto e assiduo alle funzioni di chiesa, anzi è raro quel paese in Corsica dove non siavi un numero di donne maritate e fanciulle, che chiaman beghine, noi bacchettone, e queste nella parte religiosa son chiesastre quanto le monache. E vi assicuro che, quantunque non sia promotore del bacchettonismo, perchè sotto quel manto ci ho spesso spesso scoperto della illusione tanta, del cervello caldo tanto, e un infinito amor proprio, contuttociò ho trovato in Corsica, con mia somma edificazione, donne maritate e fanciulle così nella soda perfezione stradate, da muovere invidia e da servir di stimolo alle più esemplari monache de'nostri monasteri del continente. Onde maravigliai assai, quando nella seconda lettera inserita nella accennata *Prammalogìa* leggeva queste parole : « *Anzi abbiamo trovato* » *de'paesi interi dove neppure una donna di nu-* » *mero non accostava più a confessarsi neppur la* » *Pasqua.* » La quale asserzione la debbo riputar vera perchè credo incapace di mentire chi l'ha scritta, e dire la mia maraviglia essere originata dal non essermi mai imbattuto in paesi simili, quantunque molti ne abbia percorsi.

Monsignor Sebastiani della Porta d'Ampugnani procurò di ristorare in parte i danni che nella sua diocesi avea sofferti la religione nella età antecedente. Ma la gloria di far sorgere un'era novella di felicità per la medesima, era riserbata a Monsignor Santi Raffaello Casanelli d'Istria, eletto a vescovo di Corsica e assunto alla cattedra episcopale d'Ajaccio l'anno trentesimo terzo di questo secolo. Fu sua prima cura l'istruzione del clero. A ottener questo scopo, affidate le redini del suo maggior seminario, sì per la direzione come per l'insegnamento delle sacre scienze, a una corporazione di preti oblati, istitutore e superiore de'quali è il vescovo di Marsiglia, quà chiamò tutti coloro che alle sorti del Signore volevano ascriversi.

Di tal guisa tendeva ad avere un clero uniforme
nella dottrina, uniforme nella disciplina. Quindi
ordinò che chiunque fra gli ecclesiastici bramasse
essere impiegato nella diocesi dovesse effettuare il
corso degli studj sacri nello stabilito seminario, e
vietò l'emigrazione in Italia o in Francia. E di vero che conseguisca il suo intento il zelante Prelato,
si rileva dalla esteriore condotta del clero tutto,
segno ordinariamente dell'interiore, regolata e
composta. Quindi guardi il Cielo che mai un ecclesiastico comparisca ai teatri, assista a divaga-
menti carnevaleschi, usi una volta sola ai pubblici
caffè : cose tutte che se per l'uso prevalso sono in
Italia tolerate, non lasciano contuttociò d'aggiungere pregio al clero francese e corso che se ne a-
stiene. Ma siccome le vocazioni allo stato ecclesiastico si sviluppano talvolta nella prima adolescenza,
e non coltivate si perdono, così nella savia sua mente pensò di stabilire un collegio di giovani secolari chiamato Piccolo Seminario, retto da zelanti e
culti ecclesiastici, e quivi da'primi rudimenti del-
l'umano sapere son condotti gli allievi fino allo
studio della filosofia. A quest'epoca quelli che spie-
gano vocazione pel sacerdozio, al maggior seminario passando, alle scienze sacre si applicano. Ed
erano già trascorsi alcuni anni dacchè per sostenere
questo stabilimento soggiaceva egli a gravi dispen-
dj costretto, privo essendo di necessario locale, a

tenere in affitto una fabbrica. Quando concepì il grandioso disegno di sollevare da'fondamenti un edificio che a ricovero servisse del clero nascente. Mancavano i mezzi : ma egli che è Corso, ben conosce il grand'animo de'suoi connazionali quando si tratti di concorrere a un patrio monumento. Invita il clero a offerire per la fondazione del nuovo Seminario la quarta parte dello stipendio di un anno, che in luogo di beneficio serve al clero francese ed è pagato dal Governo. Sollecito il clero di secondare le pie premure del proprio Prelato, in brieve tempo potè egli veder realizzata la somma meglio di centomila franchi. Generosità singolare che invano si aspetterebbe così luminosa altrove, e che immortalerà gli ecclesiastici di quell'isola. Mi trovai presente alla gran funzione quando il venerevol Prelato, corteggiato da tutte le autorità e da tutti i cittadini, gettata di sua mano la prima pietra fondamentale, lesse un'orazione calda d'affetto e di religione. Non sono ancor passati tre anni, e già torreggia maestosa la fabbrica di buonissima architettura.

Fin dagli esordj del suo episcopato Monsignor Casanelli, affinchè la scienza della religione si ridestasse ne'suoi diocesani, diè opera che si compilasse un catechismo, e questo, pubblicato nelle due lingue francese e italiana, lo diffuse per la diocesi tutta quanta. Conobbe l'avveduto Prelato che la

5

copia del seme della divina parola, sparsa ai popoli
alle paterne sue cure affidati, era l'ottimo de'mezzi per migliorar la morale, per toglier gli abusi,
per domar gli animi. E per tanto oggetto aprì egli
una casa di Padri Missionarj in Vico, e zelanti ed
illuminati ecclesiastici, seguendo lo spirito della
nobil loro vocazione, ora in questa, ora in quella
parte si recano dell'isola, e colle sante missioni ri-
formano i popoli da loro evangelizzati. Si son ve-
duti operati prodigj di conversioni difficilissime
e quasi disperate, di odj estinti, di sanguinose inimicizie sedate, pacificate.

Con queste sante provvidenze il zelante Pastore cercava far rivivere il sopito spirito di religione,
di pietà, di morale; e l'effetto ha così ben corri-
sposto alle sue mire che nel periodo di dieci anni
la sua diocesi presenta florido aspetto, e il frutto
raccoglie de'provvidi suoi divisamenti. Che se il timore di offendere la modestia del venerevole Prelato non mi trattenesse, molte egregie sue qualità mi
si affaccerebbono a soggetto di discorso, dalle quali in precipuo modo ha dipenduto il molto frutto
finor raccolto nel periodo del suo episcopato. D'una
sola però non posso tacere, e in buona pace se la
senta commemorare l'egregio Pastore, la dolcezza
di sue maniere, figlia della bontà del suo cuore.
Questa qualità che tira tanto gli altrui cuori a se,
come la contraria li aliena, invano tenteresti ac-

quistarla quando la natura non ti ci avesse disposto, o una lunghissima, diligentissima osservazione e un infrenamento continuo de'moti del tuo animo non ti avesser fatto vestire di una virtù che non avevi. Quindi le lezioni che per molti anni Monsignor Casanelli ebbe agio di apparare alla scuola del cardinale Isoard, arcivescovo d'Auch, lezioni di bontà, di dolcezza, nobili prerogative di quell'inclito Porporato, altro non fecero che perfezionare quella natural bontà d'animo che sortito avea dalla natura e che in lui comparisce a ogni istante nel tratto suo famigliare. Nè senza perchè rilevo questa gran qualità nel vescovo della Corsica, imperocchè veggo esser essa stata tenuta in tanto conto da'venerabili padri del Concilio Trentino, e tanto raccomandata specialmente nel capitolo primo della sessione XIII ai pastori della Chiesa di Dio. E di vero quali pregi più belli trovar si possono in un principe, specialmente ecclesiastico, che più colpiscano lo sguardo della moltitudine, della affabilità, della piacevolezza, della clemenza? Queste qualità ai principi appunto competono, e al dir dell'Angelico, generalmente ai superiori: *clementia est lenitas superioris ad inferiorem.*

E a questi pregi in particolar modo io attribuisco la stima che i Corsi mostrano al loro Pastore, quindi il loro affetto, ragion per cui con venera-

zione è udita la sua voce, che fa spesso sentire per
mezzo di dotte e pie omelie, che consegnate alle
stampe fomentano e fan crescere lo spirito della
santa nostra religione. Con questi mezzi suggeriti
dallo zelo prudente, dal desiderio dell'altrui bene,
accompagnati nell'esecuzione dalla dolcezza delle
maniere, non potea venir meno la speranza di vedere il miglioramento nel fatto della religione
nella diocesi tutta quanta.

Questa riforma impertanto se la sua mossa e il
suo progresso l'ha avuto dalle savie mire dell'esimio Prelato, il favorevole effetto di quella si dee
ripetere dalla natura del popol corso, il quale giusto e religioso essendo di mente e di cuore, alla
verità annunciata con candore, con piacevolezza si
arrende. La dolcezza infatti è l'unica arma con
cui un ministro della religione può arrecare gran
pro ai popoli della Corsica. Invano tenteresti
colla forza, colla durezza e colla prepotenza di
piegare un'anima corsa. Ci perde la vita ma non
si arrende. Colla dolcezza ottieni quanto vuoi,
perchè il sentimento dell'affetto è caldissimo in
lui, vivissimo quello della gratitudine. La religione lo tocca, lo muove e con fermezza si ac-
cinge a gustare le dolcezze di lei. Debbo confes-
sare aver avuto più consolazioni in una missione
sola data in un paese di Corsica, che in due quaresimali in città del continente. E quel che ho

detto della disposizione che ha il Corso alla religione, in particolar modo lo intendo degli abitanti de'paesi. Imperocchè delle città parlando debbo osservare che anche le città corse hanno sofferto l'azione dell' incivilimento continentale. Quindi, siccome quanto più un paese incivilisce tanto più perde nella morale, nella religione, nelle sociali virtù, da ciò ne accade che la religione nelle città sia guardata con occhio d'indifferenza, in maggior numero essendo nelle città le cause distraenti di quello che si abbiano ne'paesi. Ad onta della qual cosa non debbo tacere aver trovato nel ceto distinto di Bastia e di Ajaccio persone in gran numero di molta religione e di uguale virtù. Nè perchè molti fra i Corsi, come nelle citate lettere della *Prammalogìa* si legge, stanno i quindici e venti anni senza confessarsi, debbesi inferire che non abbian nè fede nè religione. Non sono essi mossi a ciò nè da discredenza nè da disprezzo : è un'abituale trascuraggine in cui son caduti a poco a poco col lasciare l'esercizio delle pratiche religiose, trascuraggine però che si scuote con altrettanto fervore alla voce del ministro di Dio. Nè manco di biasimare que' Corsi che così negligentemente usan de'mezzi più valevoli alla salute della propria anima. Tuttavia non trovo in ciò tanto luogo a maravigliare. Maraviglia sarebbe se si trovassero nelle città e paesi del continente masse di popolazioni, che spinte non da

sincerità di cuore ma dall'abitudine e dal rispetto
umano dominatore, fossero frequenti alle pratiche
della religione ed a'sacramenti, nel tempo stesso
che con eguale disinvoltura frequentassero le bril-
lanti conversazioni, le geniali amicizie, i teatri e i
balli, e qualche cosa di peggio ancora. In questo
caso giudichi il lettore se sia minor male questa
profanazione e quest'abuso de'mezzi destinati al-
l'acquisto della cristiana santità, o l'alienamento
temporaneo dai medesimi di una parte del popol
corso. Io non ho difficoltà di asserire che i primi
rischieranno di cadere nell'induramento del cuore, nell'indifferentismo religioso, là dove lontani i
Corsi da siffatte profanazioni, da siffatto abuso,
non avendo il cuore rotto al sacrilegio, alla prima
chiamata di Dio si possono arrendere, e gli oggetti
anche materiali della religione possono bastare a
commuoverli.

E ciò basti per darvi un'idea della religione in
Corsica e delle buone disposizioni loro alle pratiche di pietà.

Ma prima di finir questa mia, giusta la fattavi
promessa, uopo è che ch'io vi tenga brevi parole
della costumanza che ha il popolo corso riguardo
ai morti, articolo che colla religione collega. Varia
è siffatta costumanza, altra essendo quella al di
quà da monti, altra quella al di là. E al di quà e
al di là se un tempo forse era dovunque uguale,

oggi diversifica in proporzione della cultura che vanno acquistando i paesi e le famiglie.

Io vi accennerò in breve quest'uso come l'ho visto, essendomi trovato più volte in siffatte occasioni, talora per compiere un dover d'amicizia, tal altra condottovi dal mio ministero.

Costume di tutta l'isola è che trapassato appena l'infermo venga decentemente vestito, esposto o nella stanza dove morì o in un'altra acconciata all'uopo. Ma prima di venire a questa operazione in alcuni luoghi, caldo ancora il cadavere, quanti si trovano parenti al transito dell'infermo, usan prorompere in ismanie di smisurato dolore, e circondando il letto, e ammucchiati, dirò così, sul cadavere, menare il più strano cordoglio di questa terra. Io mi trovai ad assistere un moribondo, ed ebbi ben che fare a non restare o stordito od oppresso fra tanta pressa, fra tante spaventose lamentazioni. In qualche luogo, ma non nella parte culta degli abitanti, si va più innanzi. I parenti più stretti si sciupano, si difformano; quindi vedresti la moglie per lo involato consorte, la figlia per lo perduto padre, stracciarsi le chiome, sgraffiarsi il viso, metter gemiti con tant'impeto da correr rischio di andar tosto a far compagnia all'estinto nell'altro mondo. Dato questo primo sfogo di disperazione, v'ha chi piglia cura del morto, e racconciatolo con proprietà si pone in istato, come ho detto, che possa esser visto da chi sopravviene. Imperocchè è costumanza in Corsica, che nel giorno appunto in cui i parenti più stretti dell'estinto si trovano nel più grave dolor sepolti, debban essi ricevere le visite tutte che si presentano a motivo di condoglianza. E siccome i parentadi sono numerosi in Corsica, e la notizia della morte accaduta si manda ai vicini e ai lontani, accade che i parenti del morto, alla fine della giornata col ricevere tante visite, compariscan nel volto più smorti del morto stesso. Imperocchè le donne le visite ricevendo delle donne, gli uomini quelle degli uomini, fra questi e quelle, è quella casa un andirivieni continuo per tutto il giorno, un pianger continuo, uno strapazzarsi continuo. E in ispecial modo le donne, le quali all'entrar nella camera ove piangon le vedovate, senza saluto, senz'altro, prorompono in gridi tali di disperazione da far morire per lo trambusto quelle infelici che sono già abbastanza afflitte per la perdita che hanno fatto.

Finita questa gran giornata, si trasporta il cadavere alla chiesa. Ne' paesi si fa, secondo lo stato, un uffizio funebre più o meno solenne. Io mi ritrovai a uno, e durò ben cinque ore, e quantunque all'udire tante lamentevoli nenie mi sembrasse quasi d'essere in Purgatorio, pure mi piacque e ne restai commosso, edificato. Tutti i parenti anche i più remoti, vicini di luogo e lontani assistono

a questa funebre cerimonia. Finita la quale il con-
voglio, accompagnato da tutti i parenti, vien condotto al cimitero. Calata la cassa nella preparata
buca, si torna indietro, e tutti accompagnano fino
a cása i parenti più stretti del morto. Giunti alla
porta di casa il parente più atto fa una breve allo-
cuzione a tutti coloro che gli hanno reso il pietoso
ufficio, li ringrazia, e poi ritirandosi va nella quiete a ristorarsi del gran soffrire che ha fatto in questa dolorosissima e faticosissima cerimonia.

Ma non finisce quì. In alcuni paesi non si accen-
de più il fuoco per alquanti giorni a preparar cibo.
I parenti più vicini a turno allestiscono un desina-
re, e un giorno uno, un giorno l'altro, all'ora stabilita della refezione, fanno recare alla casa del
morto un buon manicaretto per ristoro de'vivi.
In altri paesi soglionsi dalle donne cantare de'*vo-
cerati*, e ve n'ha di quelli che per sentimento e
per una certa facilità di poesia piacerebbono anche
ai più schifiltosi. In altri, al passar della bara dinanzi alla casa escon fuori le donne propinque, e
quì di nuovo rinnovar la tragedia del giorno innanzi, e squarciate le vestimenta, scarmigliate le
chiome, sformato il viso per lo spietato graffiarsi
che han fatto, offerir quadro misero di se stesse. Ve
n'ha di quelle che, non essendo molto strette di
parentela col morto, fan le viste di menare grandi
smanie, ma in verità molto hanno riguardo di non

farsi male : ma ho veduto spose, per la perdita del marito, schiantarsi i capelli, insanguinarsi il volto, dar colla testa a gran colpi sulla bara dell'estinto, e correr rischio di farsi gran male se non fossero state trattenute dai circostanti. Gli usi però meno dignitosi che ho accennato non son proprj che del volgo, e le persone di qualche qualità adoperano con molto contegno e con moltissimo sentimento. L'uso piuttosto, quantunque di presente alquanto mitigato, di tenere lunghissimo il duolo è tuttora anche presso le culte persone. Una figlia che resti orfana de'genitori non si vede più per anni a pubblico luogo, e tranne l'ora della messa ne'dì festivi, per la quale si reca alla chiesa prima del levar del sole, non si vede più lungo il giorno. Le vedove tengono strettissimo lutto, molte di esse per anni molti, alcune per tutta la vita. Se accada in famiglia che manchi alcuno come colà dicono di mala morte, oh allora si che il lutto è truce! Incolta negli uomini la barba e la capigliatura, chiusi i balconi, ritirate e vestite a bruno le donne, lo affanno, il corruccio, col tempo la macilenza son segni tutti che si appalesan sul volto ai superstiti, ed è questo un non ragionato tributo che credon rendere al trapassato.

Ma di queste cose basti così. E di ciò che riguarda la religione del popol corso, molto ancora da dire mi cadrà in acconcio, quando entrerò a descrivere, nelle lettere successive, le mie predicazioni ne'paesi e nelle città che ho percorse. Moltissimi bei pensieri mi si affaccerebbono alla mente se volessi paragonare la religione di Corsica coi paesi chiamati culti : direi di verità lampanti, le quali, mentre farebbono molto onore a quegl'isolani, potrebbono riuscire rincrescevoli a chi si piace vestir la gualdrappa della menzogna, e però la prudenza mi consiglia a tacere. Finirò con un sentimento di S. Girolamo, il quale dice che *in comparatione duorum malorum, levius malum est aperte peccare, quam simulare et fingere sanctitatem* (1).

Continuate a voler bene a chi gode di essere

Vostro Aff^{mo} Amico,
GIOACCHINO PROSPERI.

Lucca, 12 Agosto 1843.

(1) Lib. 7 in Isaiam.

LETTERA QUINTA

ISTRUZIONE PUBBLICA.

LETTERA QUINTA.

ISTRUZIONE PUBBLICA.

———————

DILETTISSIMO AMICO,

« *Carmina secessum scribentis et otia querunt*»
lasciò scritto un antico poeta del Lazio, e quello
che egli disse della poesia noi possiamo applicarlo
alle lettere, alle scienze, alle belle arti. La quiete
è la nutrice de'parti della mente umana. Il tumulto, l'agitazione, lo stato di guerra tengono il cuore commosso, la mente annuvolata, la fantasia
torba, i pensieri malinconiosi, e l'uomo in questo
stato di turbamento è inetto a coltivare le buone
discipline. Le muse dalle armi cacciate dalla Grecia, antica e careggiata lor sede, sbandeggiate quà
e là per lo giro di tanti secoli, finalmente, come
con altre parole si esprime il chiarissimo Brocchi,
si ricovrarono sulle placide rive dell'Arno, nella
novella Atene, in Fiorenza. Per le opere dello umano intelletto tranquilli tempi richieggonsi, età di
pace, e un'atmosfera che non sia pregna di vapori

politici. È questo il primo elemento. Ma solo non basta. Non tutti gli uomini che hanno genio da sollevarsi sopra la sfera comune hanno anche i mezzi a tant'uopo. Anzi la fortuna è così bisbetica, che prodiga i suoi doni ai giumenti d'Apulejo nel tempo stesso che avara si mostra con chi trarrebbe gran pro' per se e per altrui di sua mercè. L'uomo ha bisogno di eccitamento : è un'occasione, un momento che lo ferma e il fa grande. Se il celebre Polacco, di cui non ricordo il nome, e che imprigionato per frenetico, a forza di stenti morì davvero di frenesia, fosse stato ai suoi tempi creduto, già da duecento anni si userebbe il vapore dell'acqua bollita. Se a notte avanzata non avesse veduto un re di Torino in un lucernario il lume del giovine Boggino, non sarebbe egli addivenuto quel gran ministro di Stato. Se Eugenio di Savoja non fosse stato mandato da un re di Francia a recitare il breviario, la fama non avrebbe cantato le sue vittorie sull'Istro, sulla Sava, sul Tibisco, sulla Dora, sul Reno contro i Turchi riportate e contro i Francesi. Una volta usavano i Mecenati, oggi non più. E la ragion sarà stata perchè quelli eran secoli senza luce, il nostro invece è il secolo per eccellenza de'lumi; il numero allora de'dotti era scarso, oggi siam tutti sapienti, tutti genj. Tutti componiamo, tutti stampiamo, e tutti diam da mangiare ai tipografi, e carta a buon patto ai pizzicagnoli , e i Mecenati oggi li vanta un' agile ballerina , un'armonica cantatrice! Ma checchè sia della gran dottrina del secol nostro , egli è certo che i buoni studj, che i genj di quelli coltivatori richiedon tempi pacifici e stimoli da metterli a prova. Fu un gran secolo per la Francia quello di Luigi XIV, fu pure un gran secolo per l'Italia quello de'Medici. Ma la Corsica per disventura non ebbe mai tregua per darsi all'ozio delle buone discipline, nè mai alcuno, se eccettui questi ultimi tempi , che la proteggesse. Eppure mente e acume, svegliatezza naturale, forte immaginazione, profondo sentire, qualità essendo di quella nazione, avrebbe sortito la Corsica uomini d'ogni fatta celeberrimi. E quanto grande fosse il desiderio d'istruirsi ne'Corsi, lo mostrano que'tanti che ogni anno recavansi e recansi a Roma, a Pisa e in altre città d'Italia per apparare le scienze bandite, per mire di proprio interesse dai conquistatori dell'isola, dal patrio suolo. Ma il tumulto continuato di Marte non lasciò mai tranquillo il terreno alle placide arti di Pallade, e quella repubblica ligure per soprassello le pievi e gli archivj incendiava, e così involava perfino con ferocia vandalica i patrii monumenti (1). Contuttociò

(1) Basta leggere le storie corse per conoscere le mire di Genova su quell'isola. A null'altro tendea che a ridurre la Corsica a una mandra

non pochi conta, anche fra tanti contrasti, uomini
di merito che da tempi antichi fino ai dì nostri la
nobilitarono. E senza parlare de'vivi che si distin-
guono in Francia e in Italia, altri nelle scienze,
altri nel disimpegnare cariche eminenti, difficili,
i nomi de'Sisco, de'Prelà, de'Mucchielli, de'Renucci sono conosciuti non che alla Corsica all'Italia e alla Francia.

Solamente nel passato secolo per opera di Pasquale Paoli, liberator della patria, che al giogo di
Genova la sottrasse, fu data alla Corsica una nor-
ma d'insegnamento, e specialmente in Corte ove
chiamato avendo professori nazionali di conosciuta
fama, fondò una Università, e ne affidò il reggi-
mento al dottissimo Mariani, dottore di Salaman-
ca, emerito professore della Università di Alcalà.
« L'Università di Corte, così il Renucci (1), fu nu-
» trice d'uomini che si distinsero nelle matemati-
» che, nella giurisprudenza e nelle lettere. I ri-
» sultamenti sarebbero stati maggiori e più felici
» ancora, se l'invasione francese non avesse di-
» strutto le già adulte speranze. » Ma la invasione
francese, se fu sulle prime tempestosa per la opposizione de'Corsi e specialmente del Paoli, che
volea la sua patria indipendente, sedate le faccen-

di schiavi, che ne coltivassero il fecondo terreno, per rapirsi poi essa
il copioso fruttato.
　(1) *Storia di Corsica*, Lib. I.

de guerresche, apportò alla Corsica un'era novella foriera di pace e de'frutti che nel sen della pace raccolgonsi. Infatti si regolarono in guisa le cose dalla provvidenza del governo francese che la pubblica istruzione stabil piede prendesse. Fino prima del mille settecento novantasette, l'amministrazione del Golo si era occupata della formazione delle scuole primarie *cantonali*. Quindi creò il *giurì* di pubblica istruzione ne'suoi antichi distretti del di quà da monti, e riparato l'antico collegio de'Gesuiti in Bastia, vi collocò e vi nominò professori con annuo stipendio a carico del tesoro. Il prefetto conte Vignolle più tardi, cioè nel mille ottocento diciotto, stabilì in Bastia una scuola di fratelli delle scuole cristiane, e ordinò che ogni capoluogo di sottoprefettura ne avesse pur una. Ajaccio la possedea già mantenuta dal cardinal Fesch. Aprì una scuola di mutuo insegnamento in Bastia, e poscia in Ajaccio : rese più floridi i collegi di queste città, incoraggì i professori, protesse o alimentò i buoni studj e le ottime discipline. Così a poco a poco s'avviò una sistematica istruzione in Corsica. E di vero è oggi essa ordinata come qualunque altro *dipartimento* francese. Presiede a tutto l'insegnamento della Corsica il Sig. Huart rettore della Accademia, uomo di molto senno, di maniere dolci e in un contegnose, ricco delle doti a ricoprir quella carica, e da lui gl'insegnanti dipendono. Vegliano immediatamente sì all'osservanza de'regolamenti come all'insegnamento medesimo alcuni inspettori. Il Sig. Bouchez di nazione francese, uomo erudito e colto specialmente nel greco idioma, vigila su'due collegi di Ajaccio e di Bastia. I Signori Cerati e Paoli, Corsi di patria, hanno l'inspezione delle scuole primarie. Spetta ad essi in alcune epoche dell'anno percorrer l'isola, e visitar tali scuole per riconoscere se regolare è l'insegnamento : soggetti ambedue distinti, e del Cerati parlando, che particolarmente conosco, è uomo di molto ingegno e nella letteratura francese versato quanto versatissimo Francese, conosciuto specialmente per il suo vocabolario Italiano-Francese.

Le scuole adunque in Corsica, altre sono primarie, altre secondarie; quelle riguardano la elementare istruzione, queste l'istruzione che debbe stradare la gioventù alle scienze. Le scuole primarie sono stabilite in ogni paese. E qui è a sapersi come il Governo, affinchè l'istruzione proceda uniforme in tutto il regno, ha stabilito che vi sieno collegi di scuole *normali*, ne'quali scelti giovani si allevano all'oggetto di formar de'maestri per queste scuole, da destinarsi poi, dopo un numero d'anni di tirocinio e di studj consentanei, e previo sperimento di loro abilità, ne'paesi dell'isola per l'accennato primario insegnamento. Nel *diparti-*

mento della Corsica questo collegio di scuola normale è in Ajaccio. Un antico convento di frati sur un'amena collinetta d'onde si domina gran parte della città e il sottoposto golfo, serve di locale per gli alunni. Quivi in qualità di rettore presiede il Sig. Maury, il quale e per il molto discernimento di cui è dotato, e per le maniere affabili e dignitose con cui sa cattivarsi l'animo di quella scelta schiera di giovani, e per la valentìa nel fatto della lingua francese, con bel magistero regge e guida quel normale stabilimento. Ma un difetto considerevole io noto nella istruzione in Corsica. Consiste questo nell'essersi messo in non cale lo studio della lingua italiana. So bene essere divisamento del governo francese che una sia la lingua in tutta l'estensione de'suoi dominj ; ma siccome la Corsica per linguaggio, per usanze, per clima, per posizione è italiana, sarà lavoro di più secoli ottenere che in tutta l'isola si parli il francese idioma. I Corsi nascono italiani, e col latte succian pure idea e lingua italiana. La francese appareranno, ma solamente per via di studio, e non senza grave applicazione riusciranno alcuni fra loro a pensare e scrivere francesemente. Quindi è che se la direzione degli studj avesse accoppiato lo studio delle due lingue, se ne sarebbe ritratto doppio vantaggio. Primamente si sarebbe ottenuto l'intento che coloro i quali agli studj si applicano avrebbon dovuto la lingua del-

lo Stato apparare come necessaria al conseguimento degl'impieghi; secondamente coltivata la lingua
madre, ferace come è d'ingegni la Corsica, si sa-
rebbon vedute delle opere in questa lingua in
prosa e in verso, e molto lustro avrebbe acquistato per questa parte dalla provincia corsa la nazione francese. E questa cultura dell'italiano idioma
assai più la riputerei necessaria nelle scuole primarie. Dappoichè in queste scuole la maggior parte di quelli che le frequentano nè vogliono nè possono continuare la carriera degli studj; onde dopo
qualche tempo, abbandonato quel primario insegnamento con quel po' di francese che hanno im-
parato più materialmente che con iscienza, si gua-
stano la lor lingua e finiscono d'imbastardire, in-
zeppandolo di francesi modi, il proprio dialetto.

Nelle città poi di Ajaccio, di Bastia, di Calvi e
di altri luoghi, l'insegnamento delle scuole elementari è affidato ai fratelli delle scuole cristiane.
Questi pii religiosi san così bene accoppiare all'i-
struzione civile la educazione religiosa, che i giovani sotto la loro direzione riescono ubbidienti,
rispettosi, istruiti. E di tal guisa compion essi il
fine primario della lor vocazione, servendosi del
mezzo dell'insegnamento per potere imbever la
mente e il cuore de'giovani di sodi religiosi principj. Per l'istruzione poi delle femmine vi sono in
molti luoghi delle case di Suore, specie di mona-

che senza clausura. Queste edificanti religiose in - segnano leggere, scrivere, lingua francese, arit. metica, storia, geografia e qualunque donnesco lavoro di mano, e come sono esse molto addestrate nel fatto della educazione, molti son pure i vistosi progressi che riportano nelle zitelle alle loro cure commesse. Sì queste religiose come i fratelli delle scuole cristiane sono sottoposti alla vigilanza de- gl'ispettori del pubblico insegnamento, come il resto delle scuole primarie : saggio provvedimento del governo che tende alla uniformità della istru- zione, e a togliere abusi che potrebbonsi ingene- rare. Imperocchè anche le corporazioni religiose che si applicano all'istruzione è conveniente che dipendenti sieno da quel magistrato supremo che presiede al pubblico insegnamento. Così e savia- mente si pratica anche in Piemonte, e così sarebbe a desiderarsi che si praticasse dovunque, e che pub- blici visitatori sorvegliassero l'istruzione anche di que'corpi morali che non facendo parte de'collegi, de'licei, delle Università hanno facoltà di tenere scuole pubbliche. Quindi quelle visite improvise nelle scuole di un ispettore o di un prefetto de- gli studj, che recasi ad ascoltare le lezioni, or di questo, or di quel professore, quel chieder conto nella pubblica scuola or a questo, or a quello stu- diante di ciò che il maestro ha insegnato, senza la miserabile storiella di mal digesti e peggio intesi.

miserabilissimi quesiti, misure son queste che, come tengono sempre in guardia gl'insegnanti a non salire impreparati in cattedra, servono a tenere in freno gli studianti, e li fanno per tempo avvertiti, che senza l'applicazione non saranno poscia promossi a classe superiore.

Quella parte intanto di gioventù che fornita di volontà di avanzare nelle lettere e nelle scienze ha per tant'uopo mezzi di fortuna, dalle scuole primarie passa ne'collegi di Ajaccio e di Bastia, e quì trova il modo di corredarsi la mente delle buone discipline fino alle scienze superiori per imparare le quali è d'uopo passare alle Università.

I due collegi di Bastia e di Ajaccio sono presieduti da un rettore immediato che veglia alla disciplina della scolaresca. Ogni collegio ha cattedre dagli elementi di lingua latina fino alla rettorica, con cui va di egual passo lo studio della lingua greca. E la lingua latina s'impara così bene in Francia, sì per gli ottimi libri elementari che hanno, sì per l'abilità di chi l'insegna, che mi è avvenuto di trovare giovani ne'collegi di Francia, non solo in Parigi, ma in città di provincia, e nella Svizzera pure dove si fa uso degli stessi metodi, studenti di grammatica media più addentro nella lingua latina di quello che non sieno i nostri giovani italiani studianti umanità e rettorica, come ho dovuto toccar con mano quando mi occupava

della pubblica istruzione. Dalla rettorica si fa passo
alla filosofia, alle matematiche, alla fisica. Vi sono
pure cattedre di storia e di geografia. E in generale
la istruzione è molto animata, sì per lo zelo degli
scelti professori, sì per la vigilanza degli ispettori. Alla fine di ogni anno, a eccitare la emulazione
ne'giovani, v'è la distribuzione de'premj, e questa,
senza accettazion di persone, è eseguita con somma giustizia e imparzialità. Talmente che nel concorso ai premj non ha luogo che l'abilità del con-
corrente, onde accade che uno solo riesca a conseguire più premj nelle classi diverse che ha lungo
l'anno frequentate.

I felici risultamenti intanto di queste provvide
cure sono l'emulazione ognor più crescente nei
giovani che agli studj si applicano, e il non esservi più oggi paese in Corsica, per piccolo che esso
sia, dove non si trovino persone istruite e nelle
mediche, e nelle legali facoltà sufficientemente
versate.

Il clero pure, l'istruzione del quale dipende dal
vescovo, ha scuole così bene ordinate da poter
giungere al possesso non solo di quanto è necessario all'esercizio del santo ministero, ma ancor di
ciò che alla sacra scienza può servire di non disca-
ro corredo. Imperocchè per le cure del vigile Prelato, organizzati nel suo gran Seminario gli studj
più importanti di filosofia e di teologia, e affidato

quello insegnamento a dotti professori, hanno oggi i chiamati alle sorti del Signore comodi mezzi di apparare le sacre scienze nella propria patria, senza essere necessitati, come in antico, a recarsi in paesi stranieri con dispendio importabile delle famiglie.

E qui permettetemi, amico mio carissimo, che io divertendo di poco il mio dire la discorra a mio modo. Secondo ciò che ho potuto per informazioni sapere, e più per quello che da me stesso ho veduto ne'miei giri e nella mia stazione in Francia, l'insegnamento del clero è generalmente così bene ordinato in quel regno, che un ecclesiastico possa acquistare non solo quel sapere che gli è necessario per il suo stato di chiesa, ma quello ancora, che il sapere ecclesiastico fiancheggiando può renderlo atto a conoscere i progressi, o i regressi del secolo. E la ragion precipua di ciò io la deduco da questo, che essendo in Francia alla testa delle diocesi uomini dotti, conoscitori del mondo, e de'bisogni della società, capaci di decidere con sapienza di quanto può loro occorrere nell'esercizio difficile dell'episcopato, cura loro precipua è che l'istruzione del proprio clero sia sana, estesa, profonda, regolare : e conseguiscon l'intento, perchè son valevoli a tanto. E savissimo avvedimento è egli questo specialmente ai nostri tempi, in cui faria mestieri che il prete, non si fermando a ciò solamente che riguarda gli studj sacri, fosse versato anche in quelli che co'sacri e colla santa scrittura hanno stretto legame. Per mo'd'esempio, le scienze fisiche e in particolar modo la geologia che ha tanta relazione colla sacra Genesi nella storia che fa Mosè della creazione del mondo. E in Francia, e in Inghilterra, e in Alemagna a questi studj si attende. Non così in alcune parti d'Italia dove siffatte cognizioni si guardano come inutili e vane. Intanto alle obbiezioni che vengon tal fiata mosse, per esempio, circa l'antichità della terra, non si sa dalla massima parte risponder nulla, e quando si sente parlare de'fenomeni fisici che appariscono sul nostro globo, e che sarebbono inconciliabili coi sei giorni della creazione mosaica, se s'intendano per giorni ordinarj, si fa da siffatti cotali un'aria di scandalizzati per liberarsi dal fastidio di rispondere a ciò che non sanno, mentre concedendo quello che alla scrittura e alla Chiesa non si oppone si potrebbono abbattere colle armi loro stesse i nostri nemici. Non è fuor di luogo l'avviso del dottore Angelico per molti ecclesiastici de'tempi nostri. Ecco ciò che egli dice a proposito del nostro discorso. « *Sicut Augustinus docet , in* » *hujusmodi quæstionibus duo sunt observanda :* » 1° *ut veritas scripturæ inconcusse teneatur,* » 2° *cum scriptura divina multipliciter exponi* » *possit, quod nulli expositioni aliquis ita præcise*

» *inhœreat, ut si certa ratione constiterit hoc*
» *esse falsum, quòd aliquis sensum scripturœ*
» *esse credebat, id nihilominus asserere prœsu-*
» *mat, ne scriptura ex hoc verbo ab infidelibus*
» *.derideatur, et ne eis via credendi prœcluda-*
» *tur* (1). »

Ma guai a voi, amico mio, se vi faceste a pro-
nunziare dinanzi a certi dottori proposizioni, per
esempio, di questa fatta : la terra essere più antica di quello generalmente si creda, i sei giorni
di Mosè non essere sei giorni comuni, ma epoche
indeterminate, i testacei che si trovano ne'monti
calcarei o di seconda formazione non essere opera
del diluvio, ma convenir rimontare a epoche più
remote, correreste rischio di essere riguardato
come un eretico. Eppure, vedete, la scrittura
non dice nulla in contrario, la Chiesa madre e
maestra non ha deciso nulla in contrario. Contuttociò troverete non pochi che non ci vedendo un
palmo lontan dal naso, condannano quel che ignorano, e pretenderebbono che voi asseveraste in
grazia loro che è notte fitta, quando è un chiarissimo mezzogiorno. Ora io dico se questi studj si
coltivassero, la scienza sacra in bocca di molti trion-
ferebbe di più, perchè oltre de'proprj appoggi,
avrebbe a sostegno quelli che ritrarrebbe dalle

---

(1) D. Th. lib. 1, *Quœst.* 68, *De opere secundœ diei.* Art. 1.

scienze naturali. Ma signor no. Invece si ha da spendere il più bel tempo nel confutare Lutero, Calvino, Zuinglio, Melantone, Ecolampadio e mille altri eresiarchi anteriori e posteriori agli accennati : come fanno appunto certi maestri di gramatica latina che perdono il tempo e inaridiscon la mente tenera della gioventù co'verbi *fastidio, capio,* e *fallo*, verbi che a que'ragazzi fan più paura che tre eretici a un teologo. Ma intanto mentre s'impegnano nelle scuole (che fuori di scuola non se ne parla più) delle polemiche clamorose per confondere siffatta gente, (contro di cui più che validi argomenti si vomita, specialmente in certe pubbliche artifiziali dispute, un torrente di vocaboli ingiuriosi che non vincon la causa, ma pur son giudicati attici lepori), si trasanda quello che cadrebbe opportuno ai bisogni de'tempi e de'nostri paesi. Lo stesso dite dello insegnamento della filosofia, che in alcuni luoghi magra magra si insegna e s'impara senza nessuna filosofia, perchè in certi luoghi non si fa altro che ricantare ogni anno la solita tiritera del misero autorello che si ha alle mani, e questo mozzo e stroppio perchè ridotto in poche pagine, il poverino, di certa roba che si chiama ristretti. Ma non vi maravigliate, amico mio, di queste faccende ; siamo nel secolo del progresso, tutto debbe andare a vapore. E forse colle carrozze e colle navi non vanno anche a vapore e gli impieghi, e le cariche, e le professioni, e i titoli ? Una volta prima che ci fosser corsi di scienze, dizionarj, enciclopedie, vocabolarj, repertorj, rimarj, prosodie, fiorivano uomini sommi, ma non eran molti, perchè gli uomini sommi sono, furono e saran sempre pochi. Si composero in seguito siffatti libri perchè servissero ad imparare più facilmente l'uman sapere; quindi si lasciarono le grandi opere e si fece ricorso alle operette. Ma l'affare non andava ancora a vapore. Bisognava restringere, evaporare queste operette, questi *abrégés*, e ridurli in sottilissimi, e, se possibile stato fosse, diafani scheletri, e alla fin ci siam giunti; e in questo modo ch'io chiamo a vapore, voi, in meno che non vel dico, diverrete teologo, filosofo, medico, legale, retore, grammatico, filologo e quel che volete. Ed ecco che in questa guisa tutti oggi siam dotti e dottori, e del disseminato e propagato sapere oh son pur magnifici ed ameni gl'immensi frutti benefici che proviamo !!

Nulla poi dico insistendo sul soggetto del mio discorso, dello studio delle lingue italiana, latina e greca, nel quale è così bene indietro la massima parte del clero. Eppure dovrebbe essere invece così ben versato il prete in siffatte lingue da tenerlesi famigliari, la latina almeno e l'italiana. Ma la trascuranza anche in questo và tanto avanti da strabiliare, al vedere quel che si scrive, e al sen-

tire quel che si recita ; e quel poco di latino stesso
del S. Vangelo che è pur facile facile, dalla ignoranza di chi non sa nè lingua nè quantità di silla-
be s'ode uscir fuori stroppiatissimo e senza senso.
Due altri rami dello ecclesiastico sapere son la morale e la sacra oratoria ; ma li tralascio perchè di-
scorrendone mi allontanerei di troppo dalla mia
strada. Ne parlerò però a parte, quando che sia,
perchè soggetti ambedue che richiedono lunghe
ed importanti considerazioni.

Perdonatemi intanto questa digressione, la
quale mentre tende a far vedere da quanti incon-
vènienti vada esente la istruzione del clero in Francia per il fino accorgimento di chi presiede alle
diocesi di quel regno, esprime il desiderio di ve-
derli eliminati in que'luoghi ove sono.

Chiuderò questa mia col dirvi che la ignoranza
negli ecclesiastici sarà sempre scaturigine feconda
di errori, quindi d'immoralità conseguente. La
storia di certi secoli ci conferma una tal verità.
Entrerei in un argomento da non finirla fino a
domani, e però lasciamo lì tutto. Amatemi, e credetemi

Vostro vero Amico,

GIOACCHINO PROSPERI.

Lucca, 23 agosto 1843.

LETTERA SESTA

VIAGGIO DEL 1839.

LETTERA SESTA.

VIAGGIO DEL 1839.

DOLCISSIMO AMICO,

Ho fin quì della Corsica ragionando alla meglio
descritto la struttura, ho discorso della natura dei
suoi abitanti, ho parlato della religione e della
civile istruzione; tempo è che io entri nella narrazione de'miei viaggi, delle mie quadragesimali
predicazioni, delle missioni, esercizj e cose simili
da me fatte in quell'isola. E mentre forse a prima
vista parrà sia questa la parte più facile della mia
trattazione, presenta essa invece la difficoltà che
lo scrittore preso da compiacenza del molto frutto
ritratto da sue fatiche, dalle testimonianze di stima e di onor ricevute, anzi che tesser la storia
dello spiritual pro riportato, faccia la storia sua,
mettendo gli avvenimenti sotto un tal punto di
vista che il lettor debba dire : *tu eri l'uom necessario.* O per altra via mostrando con vivi colori,
e anche, innamorato del soggetto, troppo minutamente descrivendo il guasto morale del paese

percorso, far quindi vedere la generale riforma,
che non sarebbe avvenuta senza del nostro mezzo.
Questa è una pecca in cui più o meno rischiano
di cadere gli scrittori di queste relazioni. Nè vorrei accadesse lo stesso a me. Imperocchè non vedo
quale spinger debba prepotente motivo a fare un
quadro orrendo, quantunque vero, di un paese,
per parlar poi del frutto che vi si è raccolto, se
non appunto quello di far conoscere il gran faticar
che si è fatto, e il bisogno estremo che v'era del
nostro braccio. Arroge a ciò che a nulla monta,
secondo ch'io penso, per la pubblica edificazione
annunciare alla terra che la tal provincia era guasta e corrotta ; e poi così facendo puossi facilmente
offendere l'amor proprio di una intera nazione. Io
dunque avendo prevista la malattia da cui potrei
esser tocco, sarò guardingo, ammaestrato dagli altri, di non fare la storia mia, e parlerò invece di
quel bene che per l'ajuto di Dio, per la docilità
di quel popolo, e per le mie povere fatiche mi è
riuscito di riportare. Che se qualcosa converram-
mi pur dire degli attestati d'onore che rendono i
Corsi a chi esercita il nobile ministero della predicazione, e in conseguenza resi anche a me, il
farò all'intento di mostrare ai Corsi il sentimento
della mia gratitudine, e agli esterni la riconoscen-
za di cui son essi capaci.

Predicava la quaresima del mille ottocento trentotto nella città di Carrara. Conobbi ivi il Sig. D. Luigi Forlanini, persona di assai lumi e di molto zelo, il quale una tal volta della Corsica discorrendomi m'invitava a recarmi in quell'isola a predicare. Io che avea della Corsica, come i più, un'idea non giusta, non feci gran caso di questo consiglio. Aveva letto il viaggio del Beato Leonardo da Porto Maurizio, e quel quadro mi facea intendere non poter a tant'uopo le mie forze rispondere. Finita con reciproca soddisfazione la quaresima in Carrara e in Torano, dovetti frettolosamente ritornare a Lucca per riprendere per la seconda volta la predicazione del mese Mariano nella chiesa di S. Giovanni. Compito appena il quale, lo stesso giorno ultimo di maggio, nelle ore pomeridiane ritornato a gran corsa a Massa Ducale, diedi principio la stessa sera agli esercizj spirituali in quel venerando seminario invitato da Monsignore Strani vescovo di quella diocesi. Terminati i quali, ricorrendo in Carrara la solennità di San Ceccardo, ritornai colà. Fu allora che il Forlanini, rivenendo sul discorso di Corsica, mi eccitò tanto che fui nominato per il pulpito di S. Giovanni di Bastia per l'anno 1839. Agli eccitamenti impertanto del Sig. Forlanini son debitore di essermi aperta la porta in quell'isola, che per cinque anni ho percorso, cogliendo dovunque, mercè l'ajuto del Cielo, frutti copiosi di conversioni , di pietà , di calda e costante amicizia.

Li 4 febbrajo del 1839 mi recai a Livorno all'oggetto d'imbarcarmi per la Corsica. Passai cinque giorni in casa del Sig. D. Panzani, dove, Corso egli essendo, fui trattato con corsa ospitalità, e il giorno 9 a sera montando a bordo del battello a vapore il *Napoleone*, capitanato Lota, salpava da Livorno e con prospero viaggio alle sei della mattina del giorno 10 entrava nel porto di Bastia. Giocondo è l'aspetto che fa di se stessa Bastia al viaggiatore che vi entra per la parte di mare. Situata sulle falde de'monti che la dividono dal golfo di S. Fiorenzo, ascende insensibilmente dalla piazza S. Nicolao fino alla cittadella, e quindi ripiegando un po' in dentro a un piccol seno di mare, chiamato Portovecchio, arriva a S. Giuseppe, ove finisce. Bastia da venti anni a questa parte ha tanto in meglio cambiato per opera di una intelligente e zelante amministrazione da non riconoscersi più. Abbellite le fabbriche, selciate in bel modo le vie, ripulita da ogni lato. La nuova strada aperta adesso da S. Nicolao fino alla cittadella tutta carrozzabile, che attraversa in pittoresca foggia la parte interna della città, l'abbella sì che chi fu di quella il motore meriti il nome di ristoratore di quella città. Le case son belle e comode, e le nuove che son già costrutte come quelle che si vanno edificando lunghesso la nuova strada, per istabilità e per buona architettura possono stare nelle prime città d'Italia e di Francia. Il porto è piccolo, e piuttosto cala che porto, e mal situato; ma ciò è colpa dell'avara natura che non ha concesso alla costa orientale dell'isola un golfo solo fino a Portovecchio. I voti de'Bastiesi son rivolti a formarne un nuovo, ed è a sperare che la generosità del governo di Luigi Filippo sia propizia ai loro desiderj. Belle in Bastia sono le chiese sì parrocchiali che quelle destinate alle confraternite. S. Maria, antica cattedrale di quella città, è di un disegno regolare e di buon gusto. Le premure del Sig. arciprete Guasco, che ha saputo stimolare la generosità de'suoi parrocchiani, hanno fatto sì che quella chiesa sia ristorata oggi e così arricchita di buone dorature da non trovarsene sì facilmente sul continente. Ma essa è mal situata giacendo alla estremità di quella parte della città chiamata Terra Nuova, e però incomoda alla frequenza de'cittadini. La chiesa di S. Giovanni, proposto di cui è il Sig. cavaliere Lusinchi, è nella parte piana della città, per cui è più frequentata; ed essendo della antecedente più vasta, è pure più atta a funzioni di gran concorso. Le chiese addette alle confraternite sono con gran decoro tenute, e di ricche dorature abbellite.

Bastia ha avuto sempre degli uomini dotti fino

a quest'età, e il Renucci testè rapito alla terra, e Salvatóre Viale tuttor vivente, *il più valente*, per servirmi delle parole del Tommaseo, *degli scrittori che abbia la Corsica avuti mai,* ne fanno non dubbia fede. Ha Bastia una corte reale composta di uomini nel diritto versatissimi, e la riputazione di un conte Colonna d'Istria, primo presidente di quella, è tanto conosciuta che a encomiarla basti annunciarne il nome. Conta fra i suoi cittadini non pochi giurisperiti di molto grido. Ha una camera di commercio, una mediocre pubblica biblioteca, buone stamperie, bagni pubblici, ottimi alberghi.

L'istruzione pubblica è in molto vigore, e riceverà un luminoso incremento col nuovo collegio reale aperto testè, grandiosa fabbrica e comoda, ricostrutta e finita non ha guari nell'antico collegio de'Gesuiti. Prudenti e specchiati direttori, professori abili e premurosi formano il più bell'ornamento di quello stabilimento, da cui la Corsica ritrarrà lustro e profitto. La prima istruzione dei maschi e delle femine è affidata a corpi morali, come ho già detto, sotto la vigilanza de'pubblici ispettori.

Ha pure questa città una cittadella assai forte fondata sulla parte più alta della medesima in riva al mare, fornita di numerosa guarnigione, capo della quale, come di tutte le milizie dell'isola, è il

luogotenente generale barone Desmichels, coman-
dante la 17ᵐᵃ divisione militare, persona di rari
pregi sì militari che civili.

Il cittadino bastiese è dolce, manieroso, costu-
mato. Chi da Bastia giudicasse del resto della Corsica s'ingannerebbe. Siamo in una città nè affatto
italiana, nè affatto francese. Sente della civiltà francese, ma tiene più alla gravità italiana. Conterà
oggi circa sedicimila abitanti. Soprastanno a Bastia
due piccoli paesi le Ville, e Cardo che manda
alla città, nell'estate, acqua fresca ed eccellente. Le
circostanze di Bastia sono belle e ricche di vegeti
oliveti, di vigne ben coltivate, di orti che somministrano gli erbaggi necessarj all'uso de'cittadini.
Uscendo di Bastia dalla parte di Capo Corso si per-
corre un'ampia strada in riva al mare fra continui
oliveti, e arriva fino a Pietranera, dove la Compagnia Bertodano ha costruito delle fabbriche per
la lavorazione del ferro, che trasporteranno colà
dalla miniera di Rio nell'isola dell'Elba che dirimpetto giace a Bastia.

L'aria di Bastia è sana : riesce assai pesa nell'e-
state quando soffia scirocco, e nociva talora a
quella parte di città che è in faccia allo stagno di
Biguglia, il quale, quantunque distante, co'venti
di scirocco manda fin colà i suoi miasmi malsani.

Il 10 adunque di febbrajo del 1839, prendeva
porto in questa antica capitale della Corsica, e mi

dava ospitalità il Sig. canonico proposto Lusinchi, Vicario foraneo e cavaliere della legion d'onore, parroco della chiesa di S. Giovanni.

Il giorno 13, giorno di quaresima, incominciai la mia predicazione, e per la buona voglia di que'cittadini, l'affluenza fu sempre grandissima, e sopra ogni espettazione ne' dì festivi. Ma fino alla metà di quaresima, quantunque il concorso fosse sempre crescente, non vedeva che qualche piccolo risultato, e certamente non corrispondente alla gran voglia che vedea nel popolo bastiese di udire la divina parola. Fu però in quel torno che il frutto cominciò a comparire. E da quell'epoca fino a dopo Pasqua continuata fu sempre e straordinaria la frequenza ai sacramenti. Molte ore prima del giorno era d'uopo aprir la chiesa, e i tribunali di penitenza erano affollati di popolo che cercava ansioso l'amicizia, la grazia di Dio nel sacramento della riconciliazione, in guisa che il numero di coloro, che in quest'anno l'annual dovere di cristiano per la Pasqua compirono, fu oltre ogni credere, a ciò che mi fu detto da persone degne di fede, superiore a quello degli anni antecedenti. Ma segnatamente gli esercizj spirituali dati nella chiesa della Misericordia riuscirono di profitto e di somma edificazione. Quivi tutta la signoria della città de'due sessi attese con pietà straordinaria e con rara perseveranza a quella pratica di religione, assistendo ogni giorno alla istruzione non meno che alla meditazione. E fu quadro di tenera divozione vedere nel dì stabilito il numeroso concorso che prese parte alla general. comunione. Di tal guisa procedevano le cose quando arrivò l'epoca in cui dovea dar fine alle mie fatiche, e come l'affluenza de'cittadini fu sempre grande in tutto il corso quadragesimale, nell'ultima predica della benedizione fu tale da non poter esser raccolta la moltitudine nel vasto tempio di S. Giovanni.

Nel corso della quaresima altra faccenda mi capitò che fu affatto nuova per me. Era stata pronunziata sentenza capitale contro un tale, uomo di sessanta anni, reo di atroce misfatto. Il giorno in cui si dovea eseguir la sentenza fui pregato di prestare pietoso ufficio a questo infelice. Quattro ore prima della esecuzione fui chiuso in carcere col condannato. Quivi fino al momento di accompagnarlo al palco fatale mi trattenni con lui. Dopo averlo riconciliato con Dio, procurai come meglio seppi di confortare il suo spirito, e di animare il suo cuore a fare a Dio il sacrifizio della sua vita. Sonò l'ultima ora per lui! Entra il carnefice, lo acconcia a suo modo.... Io vestito di nera cappa, cinti i lombi di grossa fune, avente al collo il mio crocifisso, lo accompagnava al patibolo. Eravamo cinti da una selva di schioppi a bajonetta in canna. Tutta la città in movimento. Dal carcere si scese fino alla piazza di S. Nicolao, estremità opposta della città, e in tutta questa gran via, tanto era fuori di me per lo nuovo apparato di questa funzione, che, senza addarmi di nulla, mi trovai col paziente sul palco. Quivi gli rinnovai l'assoluzione ultima per lui su questa terra! Abbiala Dio, come penso, confermata dal Cielo! Fu spinto dal carnefice al passo miserando : cadde la temuta bipenne, e il teschio reciso che guizzò sul sottoposto terreno con esil voce finiva cadendo di pronunciare l'estreme parole : *Gesù mio, misericordia!*

Ma il tempo era giunto in cui io doveva ritornare in Italia. Conveniva licenziarmi da tanti ragguardevoli personaggi che mi dimostrarono e stima e affetto. E i sentimenti della mia gratitudine se li abbia dapprima il Sig. proposto Lusinchi, il quale alloggiatomi in sua casa mi fe' riuscir così caro il mio soggiorno in Bastia che per cagion sua fin dalla prima volta tanto m'innamorai della Corsica. Nè debbo passare sotto silenzio la cooperazione che mi prestò con tanto senno e con tanto zelo il consiglio di fabbrica e il clero tutto. È vuol pur convenienza e dovere che la mia grata memoria manifesti al Sig. Console Campana per le moltissime cure che egli si prese per me ne' cinque anni in cui ho percorso la Corsica rendendomi que' più graditi servizj di cui potea abbisognare, e per aver fatto ciò non solo per la carica di rappresentante del mio Principe, ma per cortesia sua propria; e di tante finezze da lui ricevute e dalla famiglia sua gliene saprò grado per fin ch'io viva.

Ma il giorno giunse in cui convenia lasciare questa amata città. Non approfittai di due gite che fece dopo Pasqua il vapore *Napoleone* a Livorno, perchè, atteso il cattivo tempo, fui consigliato a differire la mia partenza. Ma il mese di aprile correva ed io dovea trovarmi in Lucca per la predicazione del mese di maggio. Al terzo viaggio adunque mi decisi a partire. Se io quì entrassi a descrivervi quali furono le dimostrazioni di affetto e di stima manifestatemi al momento di mia partenza, l'immenso popolo che mi accompagnò al molo, il clero e la signoria che nelle gondole vennero ad accommiatarmi a bordo del mio naviglio, temerei di comparir di me stesso laudatore, e però contento di avere un tal fatto solamente accennato, conserverò per gli ottimi Bastiesi, che per mera bontà loro voller rendermi tanto onore, indelebile la memoria, eterna la gratitudine.

Non era appena salito in nave che un amaro presentimento di un viaggio disgraziato mi assalse la mente e il cuore. Manifestai a più d'uno il mio timore, e Dio non voglia, diceva, che andiamo incontro a una mala notte! Si salpò. Eravamo a bordo forse quattrocento. Dopo poco d'ora scesi nella mia camera per prender riposo; ma una spina in cuore mi tenea desto e mi predicea disgrazia. Soffiava fresca tramontana, onde preferiva stare sotto coperta, tanto più che sul ponte v'erano sdrajati qualche centinajo di lavoratori. Alle tre dopo la mezzanotte salgo sopra coperta. Era serenissimo il cielo, scintillanti le stelle. Do un'occhiata al mare, e mentre sperava di veder non lontane le coste d'Italia mi vedo a ridosso la Caprara. Quasi tutti dormivano, e i pochi desti, spaventati, meditabondi. Sospettando di qualche infortunio, domando ragione del ritardo del nostro viaggio, e col linguaggio dell'afflizione mi si annuncia essere il bastimento in pericolo, guastata la macchina, dar acqua il naviglio. Immaginate, amico mio, se per il resto di quella notte mi venne più voglia di prender sonno! Per ben tre ore si lottò contro tramontana per superar la Caprara, ma invano. Per la qual cosa, perduta il capitano la speranza di arrivare a Livorno, volta la prua, prendendo mezzo vento, alle più vicine spiaggie d'Italia. S'arrivò verso il mezzo dì nella rada di Baratti presso Piombino. Quì si ancorò, e si scese a terra. I contadini lavoratori più giudiziosi di me e di tanti altri compagni di viaggio, chiesti i loro passaporti per le Maremme, a piedi se ne partirono. E avremmo fatto altrettanto anche noi; ma dalla asserzione del capitano che alla macchina s'era fatta riparazione, che s'era provvisti di legna per supplire al carbone che per lo gran consumo fattone nella passata notte incominciava a mancare, ci lasciammo persuadere a restare, e rifocillati colla razione che ci vendettero i soldati di guarnigione a Baratti, sul far della notte risalimmo a bordo del bastimento. *Sic erat in fatis!*

Fino alla prim'alba del seguente giorno il viaggio fu lento, ma felice. A quell'ora qual nuovo disastro seguisse l'ignoro. Eravamo a vista di Livorno da cui potevamo esser lontani circa tre leghe. Vidi arrestarsi in alto mare il bastimento, calar lo schifo in mare e i marinari lavorare a gran possa per togliere le pale alle ruote. Dopo ciò estinti i fornelli si stendono pochi pezzi di vecchie vele e si volge la prua a mezzo giorno per prendere il vento in poppa, che ci dava speranza di potere, nella giornata, prendere Portoferrajo. Lascio però a voi a considerare qual fosse l'animo mio e dei miei compagni per tutto quel giorno! Vederci in mezzo alle onde a discrezione del vento, di modo che se fosse insorta tempesta, non essendo atti i bastimenti a vapore a bordeggiare come quelli a vela, vi era rischio o di perder la vita o di andare a battere, Dio sa, a qual lido. Con mille tristi pensieri passava lento lento quel dì e più ci spaventava l'idea della notte vicina, tanto più che a bordo mancava ogni specie di vettovaglia. Per buo-

na ventura sul far della sera ci riuscì entrare nel
golfo di Portoferrajo : ma che ? dopo brieve tratto
cessa ogni soffio di vento , e il misero legno resta
galleggiante senza direzione in mezzo alle onde.
Si aspettò alquanto per vedere se il cielo volea es-
serci benigno di tanta forza di vento che ci spin-
gesse per quelle tre miglia che ci rimaneano per
entrare in porto. Alla fine fu d'uopo inalberare la
bandiera di soccorso. Non appena fu visto il segna-
le che due barche si mossero al nostro incontro,
già erano a noi vicine, quando spirando di nuovo
sebben lieve la tramontana, potemmo sull'annottare prender porto nell'isola dell'Elba. Oh con
quale esultanza balzammo in terra! Son pochi i
sentimenti di piacere provati in mia vita da para-
gonarli a quello! Si cercò ristoro ch'eran due
giorni e due notti che non si era, quasi dissi, preso cibo. Quella notte lietissima si passò in Portoferrajo, sebbene il pensiere a quando a quando di
dover rientrare in mare se volevamo uscir di quel-
l'isola amareggiava il nostro contento.

La mattina seguente, in compagnia de'Signori
Mattei e Piccioni dell'Isola-Rossa, Guaitella di Bastia , Antoniotti di Giussani , e di altre persone, si
noleggiò la barca corriera per passare il canale ed
esser trasportati a Piombino. Sebbene il mare non
fosse propizio, mi decisi a correre anch'io la sorte
degli altri, e come Dio volle, non senza aver pas-

sato su quel piccolissimo schifo spaventi orribili per esser iti, atteso il vento contrario, sempre a orza, dopo un'ora e mezzo di viaggio si afferrò Piombino. Ci dimenticammo il mare, e pensammo a far meglio che si potè il tragitto di terra sino a Livorno. La sera si pernottò all'Acquabuona all'albergo del celebre Beppe Santo dove fummo ben trattati. Il dì dopo ripreso il nostro cammino verso sera si giunse a Livorno.

Quivi licenziatomi dalla mia comitiva, della quale, per le disgrazie e per li timori con quella divisi, conserverò non peritura memoria, nel dì seguente partii per la mia patria dove era con impazienza atteso a compiere i molteplici ufficj del mio ministero.

Ma sebbene, dietro sì dolci successi, Dio permettesse in quest'anno stesso che mi fosse allestito un calice di amarezze, il pensiero della Corsica me lo raddolcì tanto che non giunse ad amareggiarmi il palato.

Addio, mio caro amico, amatemi come vi ama

Il Vostro Aff.mo Amico,

GIOACCHINO PROSPERI.

Grognano, 2 settembre 1843.

LETTERA SETTIMA

ANNO 1840.

LETTERA SETTIMA.

ANNO 1840.

———————

STIMATISSIMO AMICO.

Ai primi di gennaro del 1840, per mezzo di S. E. il Sig. cavalier Giovan Tommaso Vincenti, consigliere di Stato di S. A. R. il Duca di Lucca, ricevei una lettera, colla quale era invitato a predicare la Quaresima di quell'anno nella città dell'Isola Rossa, oggi capitale puossi dire della provincia di Balagna. Sul principiare del carnevale mi recai a Livorno per imbarcarmi. Mi credeva ritrovare il battello a vapore il *Napoleone*, ma esso non facea più il tragitto da Bastia a Livorno. Montai a bordo di un bastimento a vela, e dopo due notti e un giorno di viaggio, per lo continuo contrario vento, non senza grave difficoltà arrivammo in Bastia. Ebbi in quel viaggio compagno il P. Cherubino da Collodi lucchese, che dovea in quell'anno predicare in Bastia. Siccome nell'atto d'imbarcarmi a Livorno

mi fu consegnata una lettera colla quale Monsignor
Vescovo mi chiamava a predicare in Ajaccio nella
sua cattedrale, appena giunto in Bastia dovetti
rispondere essere dispostissimo ad accettare l'onorevole invito, riflettere però che, data avendo la
mia parola alla città dell'Isola Rossa, sebbene non
avessi difficoltà di cambiare il campo della mia
predicazione, avrei desiderato prima l'annuenza
de'Santesi di quella città, e per questo se la inten-
desse S. S. Reverendissima con i medesimi. Per
attendere la risposta mi convenne aspettare otto
giorni in Bastia, dopo i quali, ricevuto riscontro
che ero libero d'andarmene alla mia destina-
zione, partii. Io non conosceva della Corsica
che Bastia e i suoi contorni, chè le molte occupa-
zioni avute l'anno innanzi non mi permisero di
far corse in nessun luogo. Con buona guida adunque mi posi in viaggio alla volta della Balagna,
distante da Bastia due brevi giornate di cammino
nella stagione invernale. Lasciata Bastia, incomincia la salita di Montebello, montagna che la divide
dal golfo di S. Fiorenzo, come ho già detto. Sulla
foce di Montebello s'offre bellissima scena all'occhio del viaggiatore. Il mar tirreno a levante e i
lembi estremi della lontana Italia, il ligustico a
ponente, e questa scena più vagamente ti colpisce
se ti accada di trovarti su quella cima allorchè il
sole tramonta. Disceso il monte, trovi il vasto golfo

a cui dà il nome il paese di S. Fiorenzo, terra for-
tificata, ma di aria poco salubre nella estiva stagione. Belle ha le prospettive, e dalla parte di
mare che si estende fino a Genova, e dalla parte
di terra, avendo dirimpetto la fertile valle del Nebbio. Da S. Fiorenzo incomincia una delle più difficili vie che io mi conosca della Corsica. I nomi
di Roja, di Ciottone, di Cento Chiavi son nomi di
precipizj e per questi dee passare chi vuole andare all'Isola Rossa per la costa del mare. La prima
sera si pernottò a Casta, casa fabbricata in una
immensa solitudine. Soffiò lungo il dì vento freschissimo di provenza e coll'annottare rinforzò:
quindi, quantunque l'albergo mancasse di molti
comodi di cui ha bisogno uno che ha cavalcato
tutto il giorno intirizzito dal freddo, al grand'uopo di ripararsi fu più che sufficiente. Di buon
mattino si riprese il cammino. A Ostriconi, spiaggie vicine al mare pertinenti a Palasca, si fece
alto per ristorare bestie e uomini. Da Ostriconi
incominciammo a trovarci in un territorio un
po'più docile e ridente. A misura che ci avvicina-
vamo alla meta del nostro viaggio il paese comparia
più domestico: si principiò a scoprire i belli in-
colti oliveti della bellissima Balagna, e a giorno
anche alto arrivammo all'Isola Rossa.

La casa del Sig. Domenico Mattei era la destinata
al mio alloggio, imperocchè quell'egregio Signore

mentre si trattava nel consiglio di fabbrica dove e
come collocare il predicatore, egli generosamente
si esibì di tenerlo in sua casa ; tratto che, come ap-
palesò la liberalità del suo animo, gli diede un
diritto alla gratitudine de'suoi concittadini. È l'I-
sola Rossa una terra novella, ripetendo la sua origine dal generale Pasquale Paoli, il quale, in onta
di Calvi che non volle ritrarsi dalla divozione di
Genova, scelse questo punto della Corsica a dar
principio a una città che per le sue circostanze
potrà un giorno addivenir cospicua nell'isola.

Giace infatti nel centro della Balagna in riva al
mare ; ha essa a piccolissima distanza nelle acque
alcuni piccoli colli di granito, nudi, e per lo stato
fatiscente della lor superficie rossicci, dai quali il
nome d'Isola Rossa ella trae. Ma questa stessa naturale scogliera, la chiamerò così, la quale a fior
d'acqua da terra spiccandosi e poi sollevandosi
fuor dell'acque e protraendosi in mare viene a
formare un seno che con qualche opera dell'arte
potrà addivenire un giorno un buon porto, è la
causa prima dello incremento e della fortuna di
questa nascente città. Infatti il governo francese,
apprezzatore delle felici circostanze di questo punto, è già da parecchi anni che ha dato opera a che
si getti, principiando dalla punta della scogliera
che finisce nel mare, un'altra scogliera artefatta,
la quale ricurvandosi per molte tese verso la città

venga così meglio a esser chiuso il seno già forma-
to dalla natura, e i navigli sieno meglio protetti
dai venti di provenza e di levante che impetuosi
vi dominano. L'acqua nel porto ha una profondità di quaranta a cinquanta palmi, atto perciò a
contenere e ricevere anche i grandi bastimenti.

Collocata come è poi alle rive del mare, riden-
tissimo è il suo aspetto, e più ridente la rendono i
fruttati campi che la circondano, gli orti ubertosi
che le forniscono tutta sorta di erbaggi, i sempre
verdi fruttiferi olivi, che rivestono le collinelle che
a piccola distanza la cingono. Sulla sommità delle quali, quasi a egual distanza, torreggiano quattro
popolati e ricchi paesi che fan bella mostra di se
riguardati dalla città, Corbara, Monticello, Santa
Reparata, Occiglioni. È circondata da belle passeggiate, e una magnifica strada già è aperta, la
quale passando per Algajola mette a Calvi. Quanto prima un altro braccio di strada la porrà in
comunicazione colla nuova via di Belgodère, e
così potrà avere facile adito alle due principali
città dell'isola, Ajaccio e Bastia. Ciò di cui più ab-
bisogna questa nuova città è d'acqua potabile,
oggetto importantissimo specialmente nella stagione estiva per il caldo tal volta eccessivo da cui è
percossa.

Il quattro marzo impertanto, primo giorno di
Quaresima, diedi principio alla mia predicazione.

E quantunque il concorso fosse sempre grande, la piccolezza della chiesa non permettendo che la moltitudine degli abitanti potesse approfittare della divina parola fu causa che la raccolta della messe non corrispondesse alle speranze dall'agricoltore concepite.

Sul declinare della Quaresima diedi il solito corso di spirituali esercizj per disporre la popolazione alla S. Pasqua, e nella sera del venerdì santo predicai in Monticello nella devota cerimonia della deposizione della Croce. Più volte nel corso della Quaresima eccitai la popolazione a ridurre ad effetto il progetto già da Monsignor Vescovo ordinato di costruire una chiesa capace a ricevere la popolazione, e nell'ultima predica più di proposito trattai quest'argomento. Quali sieno le cause per cui quest'opera va così a rilento le ignoro. Intanto, prima di finir questo punto, debbo render pubblico attestato di gratitudine ai signori Santesi, e in particolare ai Sigg. Romani presidente e Giuseppe Olivi. Ma la mia gratitudine in ispecial modo se la merita la famiglia che mi diede ospitalità, ove per ben due mesi fui trattato con quelle attenzioni, e ricoperto di quelle finezze che la più compita e la più generosa educazione è sola capace di suggerire.

Nel tempo del mio soggiorno nell'Isola Rossa feci conoscenza coi Sigg. Vincenti di S. Reparata, fratelli di S. E. il cavaliere Gio. Tommaso Vincenti, i quali mi esibirono con cortesissimi tratti la loro assistenza, e mi resero molti attestati di affetto e di stima.

Nel corso della Quaresima dal Molto Rev. Sig. Gio. Battista Ansaldi rettor di Muro fui invitato, a nome di quel comune, a dar dopo Pasqua la Santa Missione a quella popolazione.

Venuto il tempo opportuno lasciai l'Isola Rossa, e congedatomi dai miei ospiti, in compagnia di cospicui Signori di Muro, ecclesiastici e secolari, e dell'Isola Rossa, mi dipartii non senza profondo rincrescimento da questa conosciuta ed evangelizzata terra, per recarmi sul terreno novello.

Arrivati a Muro, si smontò alla chiesa parrocchiale, da dove passai alla casa del paroco, luogo destinato per mia abitazione.

È Muro una grossa terra della Balagna ove l'agricoltura, e certi rami di manifatture fioriscono, per cui il vagabondaggio è sbandito da quel paese. A conseguir questo buono effetto coopera l'esempio de'migliori possidenti, i quali occupandosi della nobilissima delle arti l'agricoltura, accudiscono alle loro possessioni.

Ma più di tutto esercita un'influenza ammirabile e salutare sulla intera popolazione la voce e l'esempio d'un venerando Pastore, il quale ricco di sapere, di pietà, di pazienza, regge da circa an-

ni quaranta quella parrocchia. Adorno come egli è
di molte doti che lo qualificano per eccellente di-
·citore fa spesso sentire la sua voce alle sue pecorelle, e siccome essa non è che l'espressione di un
cuore corredato delle più luminose cristiane virtù,
con amore è udita e con profitto. Ma ciò che più
fa onore al venerando Pastore è l'adempimento di
quel gran precetto : *quod superest date pauperi-
bus!* Un'altra causa influisce non poco al buon andamento di quel paese, ed è questa la perfetta
armonia che passa fra la civile ed ecclesiastica autorità, per la quale l'ordine pubblico osservato, il
rispetto e il decoro mantenuto. Un clero poi assai
numeroso, e questo esemplarissimo sì per il pri-
vato contegno, come pel pubblico servizio alla
chiesa, dà il sigillo a questo bello andamento di
cose. Ora in una terra dove si combinano tante
cause tendenti al bene non è maraviglia se la voce d'un missionario forestiere potè riportare co-
piosissimi frutti. E di vero io non saprei esprime-
re colle parole qual fosse il giubilo del mio cuore
nel vedermi fin dal primo giorno della mia Missione coronato da un popolo immenso, fervoroso,
devoto. E maggiore fu la mia soddisfazione al mi-
rare che la divozione e il desiderio di sentire la
divina parola crescea ognora in guisa da destare la
tenerezza del missionario. Imperocchè era cosa
di ogni sera vedere una folla di lavoratori reduci

anticipatamente dai loro campi lasciar le loro bestie legate sulla piazza della chiesa, e per non perder nulla della predica così stanchi e sudati entrar
subito a prender luogo nel tempio per assistere
alla sacra funzione. Quindici giorni durò la santa
Missione, e per due volte al giorno con una costanza ammirevole, edificante, sempre tutti assistettero
alla pia cerimonia. Quindi generale la confessione,
e sebbene anche molte ore della notte dovessi
spendere per soddisfare alla divozione degli accor-
renti, furon ben compensate queste mie fatiche
dalla feconda raccolta che mercè la divina grazia si
ottenne in una comunione generale, a cui si accostarono quasi dissi tutti queglino che capaci erano
di un tal sagramento. Fu tanta la soddisfazione che
io n'ebbi, l'affezione ch'io presi a questa popolazione, la prima nella Corsica per me evangelizzata
col potentissimo mezzo della S. Missione, ch'io la
distinsi col nome di mia terra primogenita, e come
tale l'ho sempre prediletta, e mille ognora ho ricevuti dalla medesima attestati di corrispondenza
quantunque volte son ritornato in processo di
tempo in quel paese. Lodevolissima commemorazione impertanto meritano gli abitanti tutti, che
ciascuno alla sua volta cooperò con ogni impegno
al buon successo dell'opera, ma in precipuo modo
il venerevole clero, i più distinti personaggi del
comune, che colla loro autorità e col loro esempio

servirono di stimolo e di eccitamento al resto della popolazione. Ma io era chiamato a riprendere la Missione a Corbara, terra non meno popolata dell'antecedente, e però mi convenne partire e abbandonare questo amatissimo popolo più presto di quello avessi voluto. Quindi, ringraziato il benemerito Sig. curato Ansaldi che mi diè ospitalità tanto cordiale in sua casa, le autorità del paese e il popolo tutto quanto, accompagnato da lunga comitiva di cavalieri fra le benedizioni e i buoni augurj di un popolo riconoscente, ritornai alla mia dimora dell'Isola Rossa.

Pochi giorni dopo venuti a prendermi gl'inviati di Corbara, mi recai a quel paese per dar principio alla S. Missione. Il Sig. Savelli, giudice di Pace, fu il promotore e l'incoraggiatore di quella Missione, come in processo di tempo fui assicurato, e colla sua prudenza spianate le difficoltà che si affacciavano ebbe egli la maggior parte del merito di aver al suo paese natale procurato questo spirituale vantaggio. Fu egli che generosamente s'offerì per dare alloggio al predicatore, ed io fui trattato in sua casa con quel decoro e con quella finezza di cui è ricchissimo quel signore, il quale ai tanti pregi e ai molti lumi di cui va adorno accoppia quello d'essere uno de' discendenti della nobilissima linea de'Savelli da Roma trapiantata in Corsica da quel Guido Savelli, che insieme o poco dopo Ugo Colonna venne a stabilirsi in quell'Isola, come attestano i romani diplomi. Per non ripetere le stesse cose dirò che l'esito della Missione fu felicissimo. Allo spuntar dell'alba e la sera sull'annottare per quindici intieri giorni concorse la popolazione alla S. Missione, e gli edificanti sacerdoti di quella numerosa parrocchia non poco contribuirono al buon successo dell'opera del Signore, e ad alleggerire al missionario il peso delle fatiche. Nel corso di questa Missione ricorse la festa di S. Filippo Neri, sotto la di cui tutela è eretta la congregazione de'Preti della Balagna, i quali in quel giorno si radunano nella chiesa della Madonna di Pigna, paese vicino a Corbara. Il molto Rev. Sig. curato di Aregno, priore per quell'anno, volle cimentare la mia pochezza, e quasi dissi con sorpresa invitò me a tenere ragionamento, in sua vece, innanzi al clero congregato. E fu in questa occasione dove ebbi il piacere e l'onore di parlare a una numerosa adunanza di dotti e pii ecclesiastici, facendomi a sviluppare quelle note parole di Gesù Cristo : *Vos estis lux mundi*, l'esempio ponendo innanzi del loro patrono S. Filippo.

Chiusa la S. Missione, e congedatomi dall'egregio mio ospite il Sig. Savelli, la dolcezza delle cui maniere e l'amabile sua compagnia, indelebili porterò nel mio cuore, dal Sig. curato Arrighi, Vicario foraneo, dal rimanente del clero, e dalle persone principali del paese, ritornai per la terza volta nel mio soggiorno dell'Isola Rossa.

Ma avvicinandosi il tempo in cui io doveva rimpatriare, allestito il necessario pel viaggio e dato l'ultimo addio agli amici, l'11 giugno lasciai l'Isola Rossa, e con buona guida e con migliore cavalcatura in nove ore di marcia ribattendo le orribili strade di Cento Chiavi, del Ciottone e della Roja, potei nelle ore pomeridiane essere in casa del Sig. Proposto Lusinchi, ove colla sua conosciuta cordialità seppe ristorare le mie forze spossate. Siccome io avea ricevuto cortesissima lettera di Monsignor Vescovo, colla quale m'invitava a recarmi in Ajaccio a passar qualche giorno con lui, o in quel luogo ove egli si fosse trovato in sacra visita, così, saputo avendo che egli era in Cervione per l'oggetto appunto della sacra visita, la seguente mattina rimontato in sella, per una via di ben trenta miglia, mi procurai il piacere e l'onore di ossequiarlo personalmente in quella città. Molte lodevoli cose io avea sentito predicare di queto esimio Prelato, ma quel che vidi e provai nelle brevi ore che ebbi l'onore di esser da lui ricevuto in Cervione, vinsero e ciò che io avea udito, e quello che io mi era immaginato. La mattina seguente, ricevuti i venerati ordini del Prelato, accommiatatomi, rimontai a cavallo per ritornare in Bastia, ove arrivai sul far della sera.

Sceso a caso sul molo e veduto che il vapore il *Napoleone* messo fuoco salpava a momenti per Viareggio, senza frapporre indugio preparatomi per la partenza, alle otto della sera montai a bordo, e sotto un ciel fulgentissimo, con un mare quanto desiderar si potea tranquillo, alle otto della mattina della seguente domenica approdava, dopo dodici ore di felicissimo viaggio, nel porto di Viareggio.

Riposatomi alquanto, nelle ore pomeridiane ripartii, e sull'ora di vespro dopo venti ore di cammino, in cui percorsi un tratto di circa 200 miglia, entrai nella mia nativa città fuori dell'aspettazione, e con maraviglia di tutti.

Ed eccovi così brevemente accennato l'accadutomi in questo mio secondo viaggio nell'Isola di Corsica. Queste cose intanto o per la corrispondenza degli amici, o per i fogli pubblici di Francia, perveniano a notizia de'miei concittadini. Ne godevan essi ad udirle, e se taluno tocco da diverso sentire non potea far eco ai medesimi, dissimulava e taceva. Io intanto riceveva le cordiali dimostrazioni della amicizia, e non mi curando del resto mi accingeva in quest'anno a un terzo viaggio nell'isola di Corsica, come leggerete nella lettera che segue.

Addio, mio caro amico. Vi abbraccio, e mi ripeto

Vostro Affez^{mo} Amico,
GIOACCHINO PROSPERI.

Lucca, 17 settembre 1843.

LETTERA OTTAVA

ANNO 1840-41.

LETTERA OTTAVA.

ANNO 1840-41.

———————◦———————

AMICO DESIDERATISSIMO,

Il dì 6 di agosto di quest'anno stesso 1840, dopo cinquanta quattro giorni di dimora in patria, dovetti ritornare in Corsica chiamato colà per le sante Missioni. A Livorno non v'erano comode occasioni da tragittare, solo metteva alla vela un piccol legno, ma tanto carico che nel porto stesso l'acqua marina per li scolatoj entrava sul ponte del bastimento. Era d'agosto, dicemmo, il mare è tranquillo, andrà bene. E andò bene veramente sino alla mattina seguente. Quando levatasi improvvisa tempesta con impetuoso vento di levante, dopo aver bordeggiato alquanto per tenere il largo e non indietreggiare, facendosi il tempo ognora più tristo fu forza arrendersi e diriger la prora per il Macinaggio, piccolo porto sulla punta del Capo Corso. Si prese terra, e lieti d'essere scampati dal rischio non ci curammo più del legno del nostro

trasporto, e preferimmo, quanti passeggieri eravamo, di fare a piè il tratto di quella difficilissima
strada che mena a Bastia.

Dopo pochi giorni di riposo mi recai di nuovo
in Balagna. Fresca e però spaventata la memoria
della tristissima strada del littorale, due mesi prima
percorsa, mi arresi al consiglio degli amici, i quali
m'indussero a prender la via del ponte alla Leccia,
e quindi per la nuova strada aperta testè, col mezzo di una cavalcatura, recarmi in Balagna.

Così feci. Pernottai alla peggio al ponte alla
Leccia, e la mattina seguente dal portatore delle
lettere mi feci colla sua cavalcatura accompagna-
re a Belgodere. Quivi rifocillatomi breve ora, ri-
partito, arrivai il 19 a sera a S. Reparata in casa
del Sig. dottore Nunzio Vincenti, dove per ben
quattro mesi tenni il punto centrale de'miei giri e
della mia dimora in Balagna. Mi mancherebbono
le parole se io volessi quì minutamente descrivere
le cordiali attenzioni che si presero di me i signori
Nunzio dottore di medicina e Antonio Vincenti
nel lungo tempo che mi ebbero in casa loro, e le
tranquille ore che in seno di quella famiglia io passai. Padre il Sig. Nunzio di quattro figli maschi,
frutto del conjugio contratto colla Sig\a. Andola-
bella uscita dalla nobile famiglia Segni di Occiglioni, gustava nella quiete dell'amor conjugale l'affetto reciproco degli ottimi figli. Ma nessun bene

è duraturo quaggiù! Infatti travagliata la sua consorte da lunga malattia, dopo aver dato gli esempj
i più luminosi di pazienza, di rassegnazione alla
divina volontà, de'quali per ben quattro mesi io
fui, quasi dissi, sempre testimone, il rio malore
infierendo ognora più, desiderata e compianta da
tutti, in età ancor florida mancava ai vivi nel luglio del 1841. Abbiasi la donna forte queste due
mie parole d'elogio meritato, in segno della stima
ch'io sempre le professai, e a consolazione dell'af-
flitto e vedovato consorte.

Pochi giorni dopo il mio arrivo in S. Reparata
il Sig. curato Olivi, il presidente e il consiglio di
fabbrica ordinarono le cose in modo che la santa
Missione sortisse il suo effetto. Le si diede infatti
cominciamento, e secondo il da me adottato costume si protrasse a quindici giorni. Fu grande il
concorso, l'attenzione, il raccoglimento; e corrispondente quindi il frutto raccolto. Il clero che
in questo paese è numeroso diè con molto fervore
e con molto zelo la sua mano all'opera, e servì di
conforto al missionario, di edificazione al popolo.

Finita la Missione, io mi fermai in S. Reparata
da dove feci varie gite in molti paesi della Balagna. Nel decembre mi fissai a Muro dove predicai
la novena del Natale, e diressi la predicazione di
que'giorni al rinnovamento dello spirito e del cuore. Nel gennaro ritornai presso i signori Vincenti,

dove mi trattenni fino al principiare di febbraro, epoca in cui mi disposi a fare il mio viaggio in Ajaccio.

Se io dovessi qui annoverare tutti coloro che in questa mia lunga dimora mi dieder prove di stima e di affetto, tesserei una serie di nomi da non finirla sì presto. Vuol però dovere di gratitudine che innominate non lasci le famiglie Padovani affini de'Vincenti, e Castellani che con ogni specie di finezze mi fecero più di quello che stretto parente potesse aspettarsi. Nè debbo tacere i nomi de'signori dottor Castellani, avvocati Lanzalavi e Fondacci, Giovan Paolo Padovani, Marchetti e fratelli Fabiani di Palmento, i quali tutti con isquisite maniere mi fecero riuscir amenissimo il mio soggiorno in quel paese già per se stesso piacevole, ai quali tutti io rendo pubbliche e schiette grazie memore de'bei giorni in seno di sì grata comitiva passati.

Finito il mese di gennaro impertanto, abbandonai la Balagna. Una comitiva di scelte persone volle accompagnarmi fino a Palasca, dove pernottai in casa del Sig. Monterossi, da cui fui trattato con dimostrazioni d'onoranza se non da me meritate, suggerite a lui da quel nobile sentimento di cui è ripieno. La mattina seguente partii colla guida, e il Sig. Monterossi volle essermi compagno fino a Moltifao, dove passai la notte in casa del

Sig. Crocicchia Parroco di quel paese. Il giorno dopo ripresi il mio viaggio per Corte e vi arrivai sul tramontare del sole. È Corte piccola città della Corsica, la più centrale di tutte, situata in una posizione quanto si possa dire romantica, ma freddissima nel verno, come nell'estate caldissima. È luogo di molta civiltà, e capo di circondario. Quì licenziai la mia guida, e alle undici di notte, su i cavalli delle poste, mi diressi ad Ajaccio. Desideroso come io era di vedere la superba foresta di Vizzavona avrei bramato la luce del giorno, e invece quando passai quegli altissimi gioghi era notte fitta, e la gran quantità di neve ingombrando ogni cosa, rendea più belle e più pittoresche le annose piante di quell'antica foresta. Giunti a Bocognano, paese situato sul declive di Vizzavona, soffermammo alquanto. Ripreso il viaggio, sull'imbrunir arrivammo in Ajaccio, dove fui ricevuto in casa del Sig. Taddeo Gabrielli, canonico onorario e curato della parrocchia di S. Maria, e quivi con decoro trattato e mantenuto a spese della fabbrica della cattedrale per tutto il corso della Quaresima.

L'ultima domenica di carnevale diedi principio alla mia predicazione con un discorso sul Sacramento ricorrendo nella cattedrale le Quarantore. Il ventiquattro febbraro, giorno di Ceneri, intrapresi il corso Quaresimale. È inutile cosa ch'io parli dell'affluenza di gente d'ogni ceto, d'ogni condizione, che frequentò la divina parola, avvegnachè sia proprio de'Corsi accorrer solleciti a udir le verità della religione, in ispecial modo se loro vengano annunciate da voce forestiera. Il giorno diciotto marzo fui invitato a fare il panegirico della Vergine della Misericordia, festa fin *ab antiquo* stabilita per voto della città, e questo fu da me recitato *inter Missarum solemnia*, pontificando Monsignore, alla presenza di tutte le autorità ecclesiastiche, civili e militari, e dinanzi a un concorso tale di cittadini da non esser contenuto nel vasto tempio. E quì mi giovi riflettere che in questa solennità Ajaccio non si contenta di uno di que'sermoni *de comuni Madonnarum*, come suol dirsi, ma vuole un discorso patrio in cui si tratti ex-professo della lor Vergine, delle grazie fatte alla lor città in cento occasioni.

Allorquando gli antichi Ajaccini si elessero a patrona la Vergine di lor città, le alzarono nella cattedrale un altare, e nella ancona del medesimo una nicchia formando vi collocarono una statua di marmo. L'altare è ricco di argenterie e di ricamati arazzi, che tutti l'abbellano nel dì della festa. Anticamente, e anch'oggi i pescatori di coralli che ogni anno si recano sulle coste d'Affrica per tal pesca, facean e fan presente all'ara della lor protettrice de'più be'rami di questo prodotto

marino. Certo è che la divozione verso la Madre
di Dio sotto il titolo della Misericordia è generale
in tutti gli Ajaccini. Sulla gran piazza che mette
al molo v'è pure un'altra nicchia con una statua
di marmo molto devota della Vergine, e in segno
al passeggiero che essa è la protettrice della città,
si vede scritto al calce della medesima questa epi-
grafe : *posuerunt me custodem.*

Passata la metà di Quaresima, che fu sempre per
concorso frequentatissima, intimai, secondo il mio
costume, gli esercizj spirituali per disporsi alla
Pasqua. L'eccitamento ch'io riceveva continua-
mente dalla presenza del venerevole Prelato, del
distinto Clero, di una numerosa popolazione, mi
obbligavano a fare ogni sforzo per cooperare al-
l'opera del Signore. Non potei, in una città predicando, radunare il popolo due volte al giorno, e
così dividermi la fatica. Però la sera, un'ora prima
di notte, si dava cominciamento alla pia funzione
con alcune sacre canzonette cantate da una scelta
schiera di giovanetti, allievi de'fratelli delle scuole cristiane. Dopo ciò per tre quarti d'ora facea
dal palco una istruzione su i doveri del cristiano, finita la quale si riprendea il canto ma più
patetico, e tale che raccogliesse le menti alla imminente meditazione. Quindi, cantato il *Veni Creator Spiritus,* dava principio alla predica di massima che chiudeva secondo le norme degli esercizj

con un fervorino, e cantato in tuon lugubre il *Miserere* si dava fine al pio trattenimento che durava più di due ore colla benedizione del Venerabile. Io non saprei abbastanza encomiare il contegno religioso che da ogni ceto di persone fu tenuto in tutto il lungo corso di questi santi esercizj. Era un caro spettacolo agli occhi della religione vedere nelle ore notturne un numeroso popolo radunato nel tempio santo pendere immobile, e con un silenzio mirabile dal labbro del ministro di Dio, e quel ch'è più la maggior parte degli uomini sempre in piè, disagiata posizione. Il frutto non potea essere non corrispondente a tanto fervore, e se ne consolarono i buoni e queglino particolarmente che per mezzo di questi impulsi della grazia ritornarono a Dio.

Nella settimana dopo Pasqua il signor teologo D. Luigi Forcioli, curato della parrocchia di San Rocco m'invitava a dare un breve corso d'esercizj nella sua chiesa, dove avea fatto sentire la sua dotta e commovente eloquenza Monsignor Vicario Generale D. Giovanni Sarrebayrouze. Annuii al cortesissimo invito, e come la ristrettezza della chiesa permise, in mezzo ad affollato concorso rinnovai la pia esercitazione. La domenica *in Albis* feci la predica di chiusura nella cattedrale, e la sera nella parrocchia di S. Rocco colla benedizione del Crocifisso cui è annessa per facoltà accordatami dal regnante Sommo Pontefice l'indulgenza plenaria.

Io avea compito la mia missione in Ajaccio, e mi disponeva a partire, quando il sullodato Sig. curato Forcioli mi pregava a voler intraprendere nella sua chiesa la predicazione del mese di maggio. Siccome per parecchi anni consecutivi, in Lucca, avea ripetuto questo esercizio, non esitai ad annuire alla sua domanda; e da quel momento lasciato il mio alloggio, che fino allora avea avuto nella parrocchia di S. Maria, mi traslocai in quella di S. Rocco in casa del prefato Sig. curato.

Questo zelante ecclesiastico avea qualche anno prima tentato, e con assai buon esito, di stabilire la divozione del mese di Maria nella sua parrocchia. Due anni prima avea dato principio alla medesima il Sig. Silve rettore del Piccolo Seminario, ma in seguito mancò il predicatore. Nel maggio adunque di quest'anno ripresi io in quella chiesa l'esercizio di quella divozione che continuai poi per tre anni, come scriverò nelle lettere seguenti.

E quì mi sia lecito riflettere sull'error di coloro i quali credono che tutti i discorsi del mese sacro a Maria debban vergere sopra la Vergine.

Il mese di Maria fu istituito non perchè con trentadue panegirici sulla regina del cielo si riempisse quel mese, ma perchè con una serie di argomenti morali si cercasse la riforma spiritual de'fe-

deli colla protezion di Maria. Tale è l'idea che ce ne
diè il Muzzarelli, primo ordinatore delle materie
da considerarsi nell'esercizio del mese mariano. La
sbaglia dunque chi si allontana dal modo e dal fine della istituzione; come la sbagliano tutti coloro,
i quali volendo dare esercizj spirituali si allonta-
nano dal metodo di S. Ignazio, e lasciando di dare
una serie d'argomenti che abbraccino con ordine
le tre vie purgativa, illuminativa e unitiva, raffaz-
zolano invece senza ordine argomenti varj e vaghi;
i quali se posson servire a buon tema di predica,
poco giovano allo scopo degli esercizj, e però non
sortiscono il fine che ben regolati non mancan
mai di arrecare.

Il mese intanto mariano in Ajaccio andò innanzi con felice successo; il numero de' concorrenti
sempre grande, la divozione perseverante. Avendo io eccitato il popolo, sull'esempio d'Italia, a fare
offerte all'altare della Vergine di fiori e di cere,
la pietà degli Ajaccini si distinse in un modo degno
di laude. Finalmente, condotta a termine la pia
pratica con singolare assiduità e profitto, si chiu-
se quel mese con la comunione generale che fu di
somma edificazione alla città tutta.

Col primo giorno di giugno io avea finito i
miei impegni; e il 7 di quel mese mi disponeva a partire. Ma prima di uscir da Ajaccio ragion vuole che io qualcosa dica di quella città, e

de'suoi abitanti. E perciò che alla città spetta è a sapersi esser essa situata sovra di un altipiano sul lato destro del magnifico golfo che dalla città prende il nome. La vecchia città era piccola ma regolare, la nuova è di molto più bella per fabbricati e per ampiezza di strade. Giunti alla barriera della città due vie s'aprono innanzi una dirittissima e mette al corso Napoleone, superba contrada ombreggiata da piante di aranci a due file, che finisce sulla grandiosa piazza del Diamante; l'altra obliqua e conduce nella contrada di S. Rocco. Questa sbocca sulla piazza del molo, simmetrica, con una bella fontana in mezzo, e all'intorno adorna di ombrifere piante.

In generale i fabbricati di Ajaccio sono di assai buona architettura. Degni di menzione sono il superbo palazzo della prefettura, di bel disegno, adorno di be' giardini e di un parterre che lo rende maestoso ed elegantissimo dalla parte che guarda la pubblica via; e il teatro S. Gabriele che è un edifizio recentemente costrutto. Altre fabbriche assai maestose vi sono, come la caserma, l'ospedal militare, il grande e il piccolo seminario. Ma infra gli altri primeggia il magnifico palazzo inalzato in riva al mare dal Cardinal Fesch, zio del vincitor di Marengo. Varie sono le chiese: due erette in parrocchie. La cattedrale sotto il titolo di S. Maria, e quella di S. Rocco. Fra le chiese minori merita

ricordanza quella di S. Erasmo, antica chiesa dei
Gesuiti dove aveano un'attigua casa, che oggi serve per locale del pubblico insegnamento. L'Epi-
scopio, modestissimo fabbricato ; la *Mairie* ossia
palazzo civico, di bella costruzione, ove è situata
nel piano terreno una buona pubblica biblioteca
di cui è direttore il dotto avvocato Bertora.

Prima di lasciare questa città volli visitare la casa del tradito di Vaterloo. Mi fu fatta cortesia di
vedere la stanza ove il grand'uomo nacque : stanza che si conserva intatta nel medesimo stato. Innanzi a questa modesta abitazione evvi una piaz-
zetta con quattro acacie che par che ripetano nel
patetico e muto loro linguaggio : *Ei fu !*

Il golfo d'Ajaccio è uno de'più belli e de'più si-
curi, e capacissimo di più flotte navali. Il molo
è comodissimo, avvegnachè possano anche i più
grossi bastimenti da guerra per la profondità delle acque accostarvisi. Ajaccio ha una assai buona
cittadella, e un giardino delle piante soccorsale
di quello di Parigi, in fondo al golfo al luogo detto
la *Pipiniera* (1).

(1) Ajaccio, come qualunque altra città della Corsica, non ha fabbriche di manifatture, tutto il bisognevole a lei provvedendo la Francia,
ciò che è per essa sorgente assai copiosa di guadagno. Questa capitale
però ha una tipografia di proprietà del Sig. Marchi, e due ne possiede Bastia. Danno in luce tutte tre un giornale. L'ajaccina *il giornale della Corsica*. Le bastiesi l'*Isolano*, e il *Progressivo*. Un quarto

Il naturale de'cittadini sente del serio , come in generale quello de'Corsi tutti. Molti in Ajaccio meritarono la mia gratitudine per le gentilezze dai medesimi ricevute. Fra questi ho dovere di ricordare le distintissime famiglie de'Sigg. Franceschino Baciocchi, Martinenghi, canonici Peri e Sampolo, de'Sigg. Vico, Damico, dottor Levie. Ma in particolar modo chi mi fu proprio largo di sua cortesia, fu il Sig. D. Luigi Forcioli che come vedremo negli anni seguenti femmi ognora più riuscire soavi i frutti della sua maschia amicizia. Molto poi debbo al Sig. Giovanvito Grimaldi professore , persona di molto ingegno e di eguale erudizione, esperto nelle medicine, e caro pel suo carattere veramente corso; all'ottimo Sig. Maury, direttore della scuola Normale, che colla scelta schiera de'suoi alunni mi diè tante riprove di affetto e di stima, e al chiarissimo Cerati, ispettore delle scuole Normali. Nè debbo preterire una istituzione che come in altre città di

giornale si stampa in Corsica , intitolato *Rendiconto delle Assise.* Questo periodico scientifico opuscolo si propone di dare il fattispecie di tutte le cause che si trattano alla corte di Bastia , con apposite giudiziose filosofiche osservazioni. Si stampa per associazione, e n'è il compilatore e l'estensore il Sig. avvocato Frediano Vidau. Sarebbe inutile ogni mia parola di lode dopo ciò che ne ha detto il chiarissimo avvocato Caraffa. Emetterò solo il voto che questo eccellente lavoro venga continuato e propagato , come quello che può dar molti lumi a tutti coloro che debbon trattare cause criminali.

Francia onora tanto la città d'Ajaccio : è questa la congregazione delle dame di Misericordia.
Ebbe questa congregazione origine dapprima nella parrocchia di San Rocco, quindi in quella di
Santa Maria. Un numero di sceltissime dame,
tassandosi annualmente di una somma stabilita da erogarsi alla afflitta e desolata indigenza,
si occupa di sovvenire i poveri infermi. Le due
congregazioni nominano una presidente, e questa, dietro attestati del Parroco, spedisce le poliz-
ze perchè la tesoriera sborsi la elemosina da lar-
girsi. Singolare è l'edificazione di queste signore,
le quali in un giorno stabilito dell'anno tutte cele-
brano la lor festa solenne, e si accostano tutte insieme a' sacramenti. Dei fratelli delle scuole Cristiane, delle suore di Carità ne ho parlato in
altra mia, e però è tempo ch'io lasci questa trattazione e la ridente città di Ajaccio.

Infatti li 7 giugno dopo avere ringraziato il benemerito Prelato, il suo clero, dopo aver abbracciato gli amici, partii. Siccome in Balagna deside-
ravano ch'io rifacessi una gita fra loro, arrivato
al ponte alla Leccia mi fermai per prendere il giorno seguente la via di Belgodere. Il Sig. Andrea
Castellani volle aver la compiacenza di venirmi a
incontrare, e il giorno 9 mi trovai nuovamente in
seno della famiglia Vincenti. Feci una visita agli
amici di Muro, dell'Isola Rossa, di Corbara, di

S. Reparata. Passati pochi giorni, accompagnato da una guida, andai in Bastia. Appena fu di partenza il vapore il *Pozzodiborgo*, montai a bordo di quello, e con felice viaggio ritoccai le sponde d'Italia prendendo porto in Livorno sul finire di giugno. Sbarcato, ordinai le mie cose con sollecitudine per irmene a Lucca e rivedere e riabbracciare, dopo dieci mesi e mezzo d'assenza, i parenti e gli amici.

Io non so cosa voi giudicherete di queste mie lettere e della prolissità delle medesime, enumerando alle volte cose di lievissimo momento, ma se rifletterete essere mio scopo che dal complesso delle medesime risulti un pubblico attestato della mia gratitudine verso la nazion corsa, allora anche le minuzie troverete essere dirette a un ottimo fine.

Se questa ragion non vi quadra, compatitemi e credetemi ognora più

*Vostro Aff*mo *Amico,*

GIOACCHINO PROSPERI.

Dalla Pieve de'Monti di Villa, 6 ottobre 1843.

LETTERA NONA

ANNO 1842.

LETTERA NONA

ANNO 1842.

Mio Dolce Amico,

Il carnevale del mille ottocento quarantadue
si avvicinava al suo termine quando ricevei una
veneratissima lettera di Monsignor Vescovo d'Ajaccio, colla quale mi avvertiva che essendo sprovvi-
sta la sua cattedrale di Predicatore quaresimale,
desiderava che io tornassi a ricoprire quel pulpito. La stima che nutro per quell'inclito Prelato,
la gratitudine che gli professo e che gli professe-
rò finchè vivo, non mi permisero di riflettere sulla
mia debolezza, e mi risolsi di secondarne i voti.
In fatti dovea parermi impresa di non lieve momento riprendere un nuovo corso quaresimale in
una città dove nell'anno innanzi mi era fatto sentire per quattro mesi continui. Ma confidando
nell'ajuto di Dio, nella bontà di que'cittadini, e
ne'miei sebben piccoli mezzi personali che son pur
essi doni di Dio, lascio per la quarta volta Lucca

per tornarmene alla mia isola di Corsica. Siccome
la Quaresima incalzava, appena arrivato in Livorno, essendo pronto alla partenza il battello a vapore il *Pozzodiborgo*, montai a bordo di quello, quantunque il tempo non consigliasse, secondo la umana prudenza, a partire. Ma se io non mi fossi
approfittato di questa occasione, avrei dovuto ritardare molti giorni la mia partenza, e quindi arrivare in Ajaccio a Quaresima bene incominciata.
Spirava scirocco-levante freschissimo fin dal nostro muovere da Livorno, e con tal vento, specialmente se fresco, come in quella occasione, non puossi con nave a vela da Livorno partendo prender
Bastia; con un battello a vapore si potrebbe, ma
non col *Pozzodiborgo*. Alcune osservazioni fatte
al capitano furono inutili, e si partì. Scostati che
fummo piccol tratto da terra, già grosso il mare,
più forte il vento. Era già entrata la notte, era una
notte di febbrajo lunga di sua natura, più lunga
per il foschissimo cielo che ci avrebbe ritardato la
luce del giorno, ma per chi trovossi a bordo di
quello schifo fu eterna. Un piover continuo, un
infuriar continuo di vento, un batter perpetuo dei
flutti agitati sospinti nel fragil legno, unica nostra
speranza. Intanto un continuato patire, un non
mai interrotto vomito, un mal'esser peggiore io
penso delle agonie di morte. Nessuno andò esente
dallo spasimo, dal travaglio, e v'era a bordo chi

avea attraversati i mari di America senza pena, ed io che mai non avea sofferto incomodo navigando, in quella notte dagli sforzi violenti dello sconvolto stomaco diedi fin sangue. In mezzo a spasimar così nuovo mi confortava il pensiero che allo spuntar del giorno saremmo in vista della desiderata Bastia. Vane lusinghe! Venne il giorno non men procelloso della notte. Qual non fu la nostra sorpresa quando dopo tante ore di viaggio ci vedemmo dietro a poca distanza la Capraja, e nella impossibilità di prender porto in Bastia? Imperocchè col nuovo giorno crescendo il vento e il mare, che percuotea di prua il nostro naviglio, fu forza cedere alla violenza della tempesta e dirigere altrove la proda. Varj furono i divisamenti : chi consigliava il porto di S. Fiorenzo, ma il timore di correr qualche fortuna sul girar della punta del Capo Corso fece abbandonar tal disegno; chi sconsigliatamente progettò di volgere il nostro viaggio in Francia. Ma in mezzo a questi varj consigli, aumentando di furia il mare, di minacce il cielo, il carbon fossile venendo meno, instando i passeggieri di trovar un luogo allo scampo, dovè il capitano, sebbene contro voglia, dirizzar la prua al Macinaggio, piccolo porto verso la punta del Capo Corso dirimpetto alla Capraja. Ma fu quì appunto dove corse la nave maggiore il periglio, sebbene più viva e più ferma fosse ne'passeggieri la spe-

ranza di salvamento. Imperocchè grossissimi i flutti battendo nella vicina bocca del piccol porto, nè
lasciando campo a conoscere i nascosti scogli, nel-
l'atto di entrare nel porto il battello. toccò il fondo
una e due volte, e buon per esso che trovò un fondo arenoso, chè altrimenti all'impetuoso incalzarsi
degli smisurati cavalloni avrebbe dovuto senza fallo
infrangersi e naufragare. Ma la salvezza del legno
e la più facile nostra discesa a terra la si dovè alla
valentìa de'bravi Macinaggini, i quali calate le barche in mare, e porti canapi per sorreggere il naviglio pericolante, si potè dopo il lavorìo di alcune
ore e fare entrare in sicuro il legno , e prender
terra ai passeggieri ormai sfiniti dal lungo patire,
e troppo bisognosi di ristoro.

Il pessimo tempo perseverante non ci permise
di poter in quel giorno continuare per terra il nostro viaggio fino in Bastia e però si pernottò alla
marina del Macinaggio. La mattina seguente il
mare calmò e il battello a vapore potè rivolgere il
corso a Bastia dove prese fondo in quel giorno. Ma
nessuno de'passeggieri , memori del tanto soffrir
che avean fatto , volle avventurarsi di nuovo al
mare, e si scelse piuttosto di fare a piedi il tragitto di circa trenta miglia di terra che rimaneano.
La seguente mattina senza ombrello, senza cappel-
lo preda del vento e del mare, senza cavalcatura,
chè inutili furono tutte le indagini per procaccia-

mene una, sotto un'acqua sempre dirotta mi ac-
cinsi a quel viaggio. Più faticosa mi si rese la via
per i torrenti che dalle montagne scendono del
Capo Corso, i quali pieni per le acque cadute e per
le nevi disciolte mi convenne passarli a guado non
senza pena per la freddezza dell'acque, febbrajo
essendo. A ora tarda la sera arrivai in Bastia, dove
alloggiai nell'ottimo albergo del Sig. Tellier. Ri-
posato così alquanto, il giorno dopo su i cavalli
delle poste partii per Ajaccio, dove arrivai la domenica nelle ore pomeridiane. L'accoglienza che
ricevei dal Sig. D. Luigi Forcioli, e da altre care
persone con cui avea stretto conoscenza nell'anno
innanzi mi fecero in un momento dimenticare i
sofferti disastri.

· Il consiglio di fabbrica della cattedrale mi de-
stinò per alloggio, in quest'anno, la casa del Sig.
Francesco Susini, dove fui trattato con particolare
attenzione ed affetto. Monsignor Vescovo si trovava a Parigi per affari concernenti la sua diocesi,
e però, prese le necessarie facoltà dai suoi vicege-
renti, diedi cominciamento alla mia predicazione.
Doppio fu il Quaresimale in quest'anno nella cattedrale predicando e nella parrocchia di S. Rocco.
E sebbene già usata fosse la mia voce in quella
città, fu con mia gran meraviglia il vedere il concorso più numeroso dell'anno antecedente. La
qual cosa attribuir la debbo alla bontà di que'cit-

tadini, imperocchè se dal lato mio posi in opera qualche diligenza maggiore, fu l'avvertenza di non ripetere nessun tema de'trattati nel passato anno.

Ritornò il 18 marzo e con quel giorno la solennità della Vergine della Misericordia, e con panegirico analogo fui invitato a celebrarne di nuovo i fasti.

Alla epoca solita, cioè dopo la metà di Quaresima, rinnovai il corso degli esercizj spirituali. Senza scostarmi dal già abbracciato metodo di tali pratiche di pietà, cercai con una serie di argomenti fra lor collegati di non iscostarmi dal sentiere battuto, e al tempo stesso di non ripetere quelli dell'anno antecedente; e la religiosa funzione riuscì così bene che come maggiore del preterito anno fu la frequenza e l'attenzione, corrispondente fu pure il copiosissimo frutto. La domenica *in Albis* chiusi i due corsi quaresimali, alle undici della mattina nella cattedrale, alla sera nella parrocchia di S. Rocco. Così avrei finito in quest'anno le mie fatiche in Ajaccio se il Sig. D. Luigi Forcioli non mi avesse invitato a riassumere la predicazione del mese Mariano nella sua chiesa.

Intanto il molto reverendo Sig. Albertini, Vicecurato di Petreto, trovandosi alla testa di quella parrocchia *cantonale*, avendo concepito il disegno di far dare ai suoi parrocchiani un corso di S. Missione, mi avea su tale oggetto scritto e con lui avea un tale affare conchiuso. Onde nella settimana dopo la domenica *in Albis*, inviatami una guida, partii per Petreto. Giunti alla foce di S. Giorgio, catena di montagne che a.ponente scolano nel golfo di Ajaccio, a levante nella valle del fiume Taravo, mi si fecero incontro i reverendi Sigg. Albertini e Fieschi, e il Sig. Nicolino Colonna, co' quali finii il resto di quel viaggio. Bellissima è la via da Ajaccio fino a S. Giorgio, aperta non ha guari. S'incontra a sinistra Suarella, a destra Cauro. Passata la bocca di S. Giorgio, voltando a destra, si passa per Albetreccia, quindi si tocca Orbalacone, e attraversando il sottoposto fiume costeggiando Becchisano si arriva a Petreto. È Petreto distante dalla capitale forse trenta miglia, in posizione quanto piacevole nell'estate altrettanto rigida nel verno. È collocato a mezzo di alta montagna in un luogo sommamente pietroso, d'onde penso l'origine tragga il suo nome di Petreto. Essendo Petreto capo luogo di cantone ha un giudice di pace, una stazione di giandarmi e di carabinieri chiamati volteggiatori. Il nobile Sig. Luca d'Ornano ricopriva la sedia giudiciale quando io dava colà la missione; l'anno seguente cessò di vivere.

Dista più a basso di piccol tratto Becchisano paese più ameno e in miglior postura, perchè piantato nella parte più spianata e più terrosa del monte stesso. Questo territorio abonda di cacciagione, specialmente di cinghiali, di lepri e di pernici.

Il giorno dieci aprile si aprì la S. Missione, e sebbene vi fosse in alcuni un po' di freddezza per alcuni insorti dissapori; contuttociò appena s'incominciò a far udire le verità eterne che la religione presenta alle nostre considerazioni, la tiepidezza cangiossi in fervore, l'assistenza alle prediche fu generale, la divozione somma, il frutto superiore alla espettativa.

L'attiguo Becchisano non restò indietro nell'assiduità di assistere alla S. Missione a Petreto, e quantunque un po' di mal umore fra i due paesi vigesse, messo giù ogni puntiglio si dieder la mano di fratellanza.

Spettacolo di tenerezza fu in vero la domenica de' 24 aprile, giorno destinato alla comunione generale. La chiesa essendo d'una sola navata, per evitare la confusione nell'accostarsi i comunicandi alla balaustra, le donne furono collocate in una regolare colonna nel centro della chiesa, gli uomini in due ale nelle parti laterali del tempio. Oltre settecento persone di mia mano comunicai alla mia messa, senza annoverare que'che eransi già accostati alla sacra mensa ne'giorni innanzi e quelli che vi si accostarono ne'giorni seguenti. La domenica a sera, giorno ultimo degli esercizj, feci la predica di chiusa. Rimaneano ancora alcuni che indocili alle divine chiamate non avean voluto seguir l'esempio de' lor fratelli : mi adoperai per far sentir loro l'estreme mie voci che voci eran di Dio. Infelici, lor dissi, tenente in mano il Crocifisso, infelici.... potevate escire da questa chiesa stasera benedetti da questo Gesù..... e preferite invece di esser da lui maledetti..... Ma la grazia di Dio che entra per tutte le vie, che si serve di mezzi e deboli e inetti trionfò de' lor cuori; ed io ebbi la consolazione d'impiegar tutta la notte seguente nell'udir confessioni. E quanto non fu giuliva la festa che i paesi di Becchisano e Petreto fecero nell'ultima sera della loro riconciliazione con Dio. Fatta notte si diè fuoco a una gran catasta di legne nel giorno ammannite sul piazzal della chiesa. Quivi i due paesi raccolti al chiarore della smisurata baldoria cambiar parole di contento, di amicizia, di fratellanza, e messo giù ogni rancore, comparir tutti membri d'una sola famiglia, figli di un padre solo.

Intanto lo sparo degli archibugi, le gazzarre di armi da fuoco, il suono festoso delle campane riempivano del lor fragore, del loro squillo la gran valle del Taravo quasi dissi per tutta la intera notte.

La mattina destinata alla mia partenza dissi la messa alle popolazioni congregate, dopo la quale alcune parole aggiunsi di congedo e di ricordo all'amatissimo popolo di Petreto e di Becchisano.

Ringraziato il clero, la popolazione tutta quanta,
e in particolare il Sig. Luca d'Ornano, il Sig. *Maire*, il Sig. Colonna, i Santesi di Petreto, e il Sig.
Pompeo Colonna di Becchisano, persona di schiet-
tissimi modi, accompagnato da trenta cavalieri
partii per Ajaccio.

Sul far della sera del 26 si arrivò in quella città
e smontai alla mia dimora. Due giorni dopo cam-
biai abitazione, e dovendo incominciare il mese
Mariano mi trasferii nella parrocchia di S. Rocco,
e mi fu assegnata la casa de' Sigg. fratelli Recco.

Se un loro stretto congiunto dopo lunga pere-
grinazione fosse ritornato al loro seno non avrebbe
potuto desiderare più cordiale ricevimento, trat-
tamento più premuroso, più affettuose diligenze e
finezze di quelle che ricevei io da quella egregia
famiglia nel corso de' quattro mesi che in seno della medesima dimorai. E con ciò io non ho inteso
altro che di dare in poche parole un cenno di quel
moltissimo che io dovrei dire, della mia piena soddisfazione e dell'eterna mia gratitudine.

Il 30 aprile impertanto incominciava di nuovo
per la seconda volta il mese sacro a Maria. Mentre
però temeva assai che, per essere io tante volte
stato udito su pergami di quella città, il concorso
sarebbe scemato, fummi di gran consolazione il
vedere, che mossi que' cittadini dalla divozione alla Vergine con maggiore e costante concorso du-

rarono nel fervore sino alla fine. Nè le offerte al-
l'altar di Maria furono inferiori a quelle dello scorso anno, che anzi le superarono. Si coronò al solito
questa pia funzione colla comunione generale.

In mezzo alle faccende del mese Mariano avendo Mgr Vescovo ordinato di dar la Cresima nella
chiesa ove io predicava, si pensò di dare un triduo
di ritiramento a tutti coloro che dovean ricevere
questo sacramento e accostarsi la prima volta alla
comunione. I tre giorni precedenti adunque la sacra funzione si radunavano tutti i fanciulli e fanciulle nella chiesa, e con ragionamenti adattati alla
loro capacità e vergenti su i due sacramenti che
doveano ricevere si disposero gli animi loro alla
santa funzione.

In numero d'oltre a seicento furono i cresimati,
e non ricordo di quante centinaja le prime comu-
nioni. E in questa occasione fui invitato dal venerevol Prelato a fare un discorso analogo alla santissima cerimonia. Pochi giorni appresso il Sig.
Campiglia, priore della confraternità sotto il titolo
di S. Rocco m'invitava a dare alla medesima un
corso di esercizj. Si stabilirono le ore notturne per
comodo di tutti, e fu dato accesso anche agli estranei alla confraternita. Gli uomini soli preser parte
a questa pratica di pietà. A mezz'ora di notte si
dava principio all'istruzione, dopo la quale, previo qualche canto, si faceva la meditazione. Gene-

rale fu il frutto, e generale fu pure la comunione,
che con pubblica e nuova edificazione fecero i
confrati vestiti della lor cappa. Quest'esempio avea
già dato l'impulso ad altre confraternite, ed io era
già stato invitato da quella di S. Giovanni a ripeter
un nuovo corso di esercizj. Quando l'angelo delle
tenebre che di mal occhio vedea queste pratiche
di religione, vestitosi anche questa volta a pietà e a
zelo frastornò l'opera e l'ispirazion del Signore, e
il disegno degli spirituali esercizj andò a terra.
Avrà però sempre la confraternita di S. Rocco il
merito di essere stata la prima a edificare con un
esempio nuovo in Ajaccio le sue confraternite con-
sorelle.

Ricorrendo in quel torno la festa di S. Antonio
da Padova che con molta pompa si celebra nella
parrocchia di S. Rocco, fui chiamato a tesserne
le lodi. Dopo di che sbrigatomi dalle faccende ajac-
cine risolsi di allontanarmi dalla capitale sì per
ristorare le forze del corpo, come pure per riposa-
re lo spirito coartato da quattro mesi di continua
predicazione e di assistenza giornaliera e talvolta
notturna ai tribunali di penitenza. E mi scelsi un
luogo proprio fatto per tale oggetto.

In Vico, terra natale di Monsignor Vescovo, evvi alquanto appartato dal paese un antico convento, un tempo de'frati francescani, situato in amenis-
sima postura. Là oggi dimorano alcuni ecclesia-

stici che menano la lor vita in continue missioni, e appartengono a una congregazione che dipende, come ho già detto, da Monsignor Vescovo di Marsiglia. Qual sia il bene spirituale che arrecano ai popoli in mezzo a'quali si trovano ne ho parlato in altra mia. Quì solo dirò della dolce accoglienza che mi fecero questi ottimi padri ne'quindici giorni che mi trattenni con loro.

Quantunque io non conoscessi loro, ed essi me che di nome, fummo fratelli dal momento che ci vedemmo. L'amabilità delle loro maniere, l'istruzione di cui son forniti, la soda pietà che spontanea in loro apparisce senza affettazione, lo zelo per la salute de'lor fratelli son pregi loro proprj, frutto di quella carità che professano, carità che loro infonde lo spirito di lor vocazione e che adoperano tanto bene a benefizio di tutti. Il reverendo P. Semeria, superiore, il P. Gibelli, il P. di Veronico, il P. Luigi, son quattro nomi ch'io porterò sempre scolpiti nel cuore.

Nel tempo del mio soggiorno colà visitai i contorni di Vico, feci una gita col P. Gibelli ai bagni di Guagno detti di Vico; predicai nella chiesa parrocchiale invitato da quell'istruito curato, e ricorrendo la festa di S. Pietro Apostolo, titolare di Nesa, paese attiguo al convento, dissi poche cose in lode del santo Apostolo nella chiesa de' PP. Missionarj.

Su i primi di luglio mi risolsi di fare un giro nelle parti più interne dell'isola, nel Niolo. Partito da Vico lasciando a destra Renno, a sinistra Cristinacce, per Vergio soprano entrai nella prodigiosa foresta d'Aitone, quindi in Niolo. Qual fu la mia meraviglia alla vista di quella selva di annose piante, di gigantesche montagne, di prospettive pittoresche, romantiche! Vidi Albertacce, passai per Calacuccia, dove quel Parroco ospitaliere con un mare di gentilezze mi obbligò a trattenermi qualche ora con lui. La sera arrivai a Corscia dove alloggiai in casa dello zio del Sig. Giovan Vito Grimaldi, curato di quel paese. Una mensa frugale, sana, copiosa, con cordialità patriarcale mi fu tosto allestita, e quì pernottai.

. Poetico è il quadro che presenta il Niolo; trovarsi in seno di assai ampia valle, la quale serve di letto al fiume Golo, che non lungi trae le sue sorgenti, fiancheggiata da due catene di altissimi monti; vedere a tramontana l'altissimo Cinto, a mezzodì Vergio soprano e il gigantesco Campotile, a ponente una barriera di monti tutti vestiti di piante antiche, a levante uno strettojo che s'apre tra le due suddette catene, per cui si precipita il Golo, oh quanto non si fa più grande nella mente dell'osservatore l'idea della immensa natura! E sebbene a me non arrecassero gran fatto meraviglia questi quadri imponenti, dopo aver percorso quasi dissi le Alpi tutte che dividono l'Italia dal paese straniero, e il Monviso in particolare, e il Moncenisio, e il grande e il piccolo S. Bernardo, e il Sempione, e il S. Gottardo, e sovra tutti le due più alte montagne d'Europa il monte Bianco e il monte Rosa, contuttociò nuovo piacere sperimentava l'anima mia alla vista del sorprendente Niolo, sì perchè per se stesso vario e maestoso, sì perchè ridestava in me gradite reminiscenze.

Era giunto la sera innanzi dalla Balagna, speditomi dal Parroco di Muro, un tal Menna che mi servisse di guida munito di buona cavalcatura. La mattina seguente ripresi in sua compagnia il viaggio; ma siccome era ancor notte e la via difficilissima, perchè poco lungi da Corscia incomincia la scesa che appellasi le scale di S. Regina, io preferii fare a piedi le tre ore di strada che da Corscia mette al ponte a Castirla dove finisce l'orrore di rovinosi sentieri. E quì debbo notare che l'aspetto di questa strada fra due catene di monti di netto e nudo granito che appena lasciano il passo al fiume, a quando a quando condotta a zigzag sul nudo dorso delle rupi, e dopo esser disceso per queste ambagi al rivolgersi indietro non veder più nè la via nè l'apertura per dove il fiume sen passa, presenta un quadro spettacoloso così ch'io simile non l'ho visto nè nella catena delle Alpi, nè nella Svizzera, nè in Francia : e chi conosce la vallata dell'Orco in Piemonte verso le sorgenti, e in particolare la lunghissima scala scavata nel granito del monte che mette in Cerésole, può prenderne una qualche idea, che in qualcosa a quella assomiglia. Si passò per Castiglione e Popolasca, e arrivati a Multifao facemmo tappa. Dopo breve ora di riposo, chè il viaggio che rimaneaci a fare era lungo, si riprese la via. Si toccò l'Accolese quindi si salì il Tombolo, poscia si percorse sulle sue altissime cime la Speloncataccia, da cui dominasi la Balagna tutta e i sottoposti paesi, si scese la serra di Nessa, lunghissimo precipizio, e sull'annottare si arrivò a Muro. Se avessi bisogno di riposo dopo essere stato in sella per cinquanta e più miglia per vie orrende, e più di me la mia guida che sempre a piedi, mirabil fortezza in un uomo di sessanta anni, lascio a voi a considerare.

In seno alle cure amicali del Sig. rettore Ansaldi mi riposai del faticosissimo viaggio. Io era stato colà chiamato per celebrare le lodi di S. Jacopo Apostolo, titolare di quella chiesa. La festa fu solenne, grandiosa, di straordinario concorso, ma per mia pena fu trasportata alla vicina domenica e in quest'anno cadde il 31 di luglio. Dissi con mia pena, avvegnachè avendo dato parola ai Padri missionarj di Vico di fare il 2 agosto il discorso della Porziuncola nella loro chiesa, era dai medesimi atteso colà, e da Monsignor Vescovo che ivi

pure trovavasi, e non rimaneami a compiere un
viaggio di settanta e più miglia di via, quasi dissi
impraticabile e per me nuova, che la giornata del
seguente lunedì. Il perchè la stessa sera della domenica appena finito il panegirico montai in sella
e congedatomi in fretta da tutti, partii deciso di
viaggiàre tutta la notte e il dì seguente per giungere in tempo a Vico. Sul far della notte ci trovammo a Calenzana, e da quest'ora fino al cadere
del giorno seguente non si trovò più nè paesi nè
abitazioni. La notte era minacciosa di burrasca,
e nulla ci si vedeva. Arrivati al torrente Ficarella
si smarrì per il bujo la via. L'oscurità cresceva, e
nella discesa del Marzolino che guarda a occiden-
te ci sorprese la procella, e giù acqua a diluvj.
Convenne fermarsi; ma dove? sotto un' annosa
pianta di leccio, e quì fattomi tenda coll'ombrello
mi coricai colla mia guida sul terreno, dove per la
stanchezza ci addormentammo. Destati ci trovammo e bagnati e intirizziti dal freddo, talchè fu forza rimontare a cavallo e galoppando richiamare
gli spiriti intorpiditi all'azione. Così si percorse
tutta quella notte, e allo spuntar dell'alba ci trovammo al fiume Sposata. Quindi s'incominciò la
foresta di Perticato di cui ho parlato altrove. Si
scesero i monti di Perticato quasi fino al mare, e
costeggiando in parte il golfo di Porto, quindi ripiegando verso terra, nelle ore pomeridiane si

giunse a Ota primo paese che trovammo dopo sedici ore di cammino. Quì bisognò far alto per noi e
pe'cavalli. Ripartiti da Ota si scese fino infondo a
quella orrenda vallea, e passato su piccol ponte
un rio di cui ignoro il nome, incominciammo la
rapidissima salita detta della Spelonca. Ad aver
un'idea di questo tratto di strada, immaginate a
piè del ponte accennato un'altissima verticale montagna che si solleva per due ore e mezzo di faticosissimo viaggio per scabroso sentiero. Questo è for-
mato dall'arte nella costa del monte stesso nella
larghezza di pochi metri tutto fino in cima a strettissimo zigzag, in guisa che quando alla sommità
tutto ansante arrivato rivolgete in giù i guardi, vi
trovate sotto perpendicolarmente quel ponticello
che due ore prima passaste. Anch'io sulla vetta arrivato, contemplai l'orrore della spelonca, e misu-
rai cogli occhi la profondità di quel cavernoso seno. Dopo poco tratto fummo ad Evisa. E quì ci
trovammo sulla strada reale che scende dalla foresta d'Aitone fino al mare. Siam fuor di pericoli:
e percorrendo la facil via si passò per Cristinacce,
si lasciò a sinistra Renno, e all'*Ave Maria* della
sera del lunedì, dopo essere stato in sella ventidue
ore, scesi inaspettato al convento di Vico, dove
ritrovai Monsignore che con cortesia tutta sua mi
abbracciò e que'cari Padri che mi aspettavano. Io
non avea bisogno che di riposo e il sonno mi fu

propizio in quella notte fuor d'ogni espettazione.
La mattina seguente a giorno alto scesi in chiesa, e
inter missarum solemnia, a cui assistì Monsignor
Vescovo, al popolo raccolto dai varj paesi, feci il
discorso della Porziuncola. Due giorni ancora mi
trattenni in quella sede di pace. Quindi ritornai in
Ajaccio dove era atteso per predicare la novena di
S. Rocco e pel panegirico del Santo. Il giorno della festa che è la titolare della parrocchia, recitai
il panegirico, e fra un numero di distintissimi a-
scoltatori, teneva il primo luogo il generale Tibur-
zio Sebastiani, governator di Parigi.

Chiamato quindi a Ocana a dare un corso di
missione, lasciai un'altra volta Ajaccio. È inutile
ch'io quì mi ponga a ripetere quello che il Signore operò per mezzo della S. Missione in quel paese.
Dirò solamente che mercè l'ajuto del Cielo, l'assistenza dello istruito e zelante curato Palinacci, l'e-
sempio de' maggiorenti del popolo, la docilità di
que' paesani, la missione sortì un felicissimo risulta-
mento, e Ocana non restò in nulla al disotto degli
altri paesi da me evangelizzati. Dopo diciannove
giorni, accompagnato da lunghissima comitiva di
cavalieri, ritornai in Ajaccio per dispormi finalmente a rimpatriare.

Ammannito il bisognevole per il viaggio, congedatomi dagli amici il giorno 8 settembre, su i cavalli delle poste, partii per Bastia dove arrivai nel

giro di ventiquattro ore. Fino a quel dì il ciel fu sereno, il mare tranquillo, il dì 9 ruppe il cielo, e il mare in tempesta; e per venticinque giorni, cioè sino al 2 ottobre non potei imbarcarmi. Salito finalmente a bordo del *Pozzodiborgo*, il 3 di mattina si ancorava in Livorno, e il giorno 5 era di nuovo in seno de'miei cittadini, che, sempre caldi di molto affetto per me, mi rividero colle dimostrazioni le più certe di sincera amicizia.

Voi, mio dolcissimo amico, sarete annojato da questi racconti, ma non sono annojato io, mentre coi medesimi vi faccio vie meglio conoscere e le bellezze dell'isola di Corsica, e la bontà di quegli abitanti.

Disponetevi a legerne un'altra, e così vi farete de'meriti esercitando la pazienza.

Vi abbraccio di cuore e mi ridico

Vostro vero Amico,
GIOACCHINO PROSPERI.

Dalla Pieve de'Monti di Villa, 15 ottobre 1843.

LETTERA DECIMA

ANNO 1843.

LETTERA DECIMA.

ANNO 1843.

VENERATISSIMO AMICO,

Fin da quando nell'anno antecedente dava la missione in Petreto, ricevei lettera dal Sig. Luciani curato di Sartene, colla quale a nome del consiglio della fabbrica m'invitava a predicare la Quaresima del 1843 in quella città. Prima di rispondere volli consultare i superiori in Ajaccio, e dopo ciò accettai l'invito. Era già qualche anno, dacchè desiderava vedere quella parte dell'isola, e venire al contatto cogli abitanti di quei paesi. L'idea che avrei dovuto formarmene dalle relazioni avute non sarebbe stata molto speciosa; ma siccome intorno alla moralità de'miei simili non ho mai voluto giudicare dalle altrui relazioni, che muovono ordinariamente o da passione o da ignoranza, ma dalla propria esperienza, così nulla mi era fermato a tali notizie, aspettando che il tempo mi desse agio a poter di per me stesso conoscere e

giudicare. Imperocchè si trovano in questo mondo
(e si hanno a trovare nell'altro?) certi cotali che
si debbon chiamar cime d'uomini per la parte
della commedia che rappresentano nella società,
i quali tutti quelli che non li somigliano, o non
la pensano come loro, guardano come il perissema
della società, attribuendo a talento a chi più lor
piace questa o quella prava qualità, senza venir
loro mai in mente di qualificar se stessi di sciocchi, d'ignoranti, d'ingiusti. Gli uomini bisogna
prenderli come sono, e non pretendere che si conformino a nostro modo. Collo stesso diritto con
cui tu o uomo vuoi che il tuo fratello si formi a
tua maniera, egli potrà pretendere che tu faccia
lo stesso in riguardo suo, ma stolti siete ambedue,
e il vostro dovere è di compatirvi scambievolmente, e alla vista de'difetti del fratello riflettere che
tutti n'abbiamo forse di più rilevanti. Ma torniamo
indietro, che senza accorgermene m'incamminava
a fare una predica, e quantunque sia predicatore,
e potesse essere utile l'argomento, non è questo
tempo di predicare.

Sul finir di gennaro adunque di questo anno
1843, mi disposi a passare per la quinta volta l'oramai da me conosciuto mar tirreno, e se ne'primi viaggi una certa titubanza mi mettea di mal'umore, oggi per l'assuefazione non più. Ma questa
volta l'ebbi proprio favorevole; avvegnachè es-

sendo lesto a partire il battello a vapore il *Tele-grafo* vi montai a bordo, e in sette ore e tre quarti da Livorno si prese porto in Bastia. Cinque giorni soggiornai in questa città dalla cortesia trattenuto del Sig. Proposto Lusinchi, dopo i quali su i ca-valli delle poste partii la sera del 6 febbrajo per Ajaccio, dove arrivai il seguente sabbato alle ore quattro pomeridiane. Mi recai al mio solito alloggio in casa del Sig. D. Luigi Forcioli, e l'ho chiamato mio, perchè la cordialità sua me lo ha reso tale. Dodici giorni mi fermai in Ajaccio, ma non potei vedere Monsignor Vescovo che si trovava a Parigi. Il giorno sedici, prese dal Vicario Generale Mon-signor Pino, passato a miglior vita a' 17 giugno di quest'anno, le facoltà necessarie per il disimpegno del mio ministero, mi avviai su buona cavalcatura a Petreto dove arrivai sul far della sera.

Con molta festa fui accolto dal Sig. Curato Giu-stiniani, dal Sig. Vicecurato Albertini e da quegli ottimi paesani memori della missione che avea lor dato l'anno antecedente, e avrebbon voluto che fossi tornato prima di rimpatriare a far sentir loro un nuovo corso di esercizj spirituali, ma la ristret-tezza del tempo non mel permise. Quattro giorni mi vi trattenni.

Il 22, accompagnato dal Sig. Nicolino Colonna e dal Sig. D. Albertini, presi la volta di Sartene. Da questo punto incomincia per me il nuovo paese. In poco d'ora tenendo dietro alle tracce della nuova strada si arrivò a Casalabriva, quindi passata la foce del monte vicino si scese a Olmeto.

È Olmeto un paese cospicuo posto sulla sponda di alto colle in buon terreno abondante di rigogliosi olivi e fecondo d'ogni prodotto. Il nuovo stradone postale che gli passa per mezzo lo ha di molto abbellito. Olmeto è la patria del Sig. Pajanacci Vicario Generale di Monsignor Vescovo, in luogo del defunto Monsignor Pino, giovine di molto ingegno, di corrispondente dottrina e di maggiore pietà. Non eravamo appena partiti da Olmeto che il tempo già annuvolato cominciò a dar acqua. Nelle vicinanze di Baraci fui raggiunto dalla guida speditami da Sartene. Tutti insieme arrivammo a Propriano. Si volea, attesa l'acqua dirotta, che io qui pernottassi. Ma riflettendo che omai era tutto molle e che poco mal potea farmi due ore d'acqua di più, e considerando che per l'acqua d'inestimabile quantità che cadeva dal cielo il vicin fiume del Valinco sarebbe stato la mattina seguente straordinariamente gonfio, ordinai che si allestisse la mia cavalcatura per tosto ripartire. Mi accommiatai da'miei compagni che a mal in cuore con quel tristissimo tempo mi lasciarono fare la mia volontà, e montato in sella partii sotto un'acqua dirottissima. Ma la indovinai; imperocchè giunto al Rizzanese l'acqua era già al livello del ponte, e la mattina seguente il ponte non ci era più. Scavalcai per evitare ogni rischio. Era già sotto il sole, e l'acqua sempre più rovinosa, e però più buja la notte. Di tal guisa si arrivò alle 8 italiane di sera in Sartene il 22 di febbrajo. Smontai dal Sig. Curato Luciani, il quale mi fece tosto condurre in casa Mancini, luogo apparecchiato al mio alloggio. La cordiale accoglienza ch'io ricevei fin dal primo momento dal Sig. Anton Goffredo Mancini mio ospite, da sua moglie e da tutta la sua famiglia, mi fecer prognosticare di quel meglio che avrei in progresso incontrato in seno a persone così dabbene. Mancavano sei giorni a Quaresima, era il carnevale alla fine, ma non me ne avvidi, chè, tranne alcun poco nelle città del littorale, le carnevalesche mattie non allignano colla sostenutezza de'Corsi. È Sartene antica terra di Corsica per nobiltà e ricchezza distintissima in tutta l'isola. Giace sull'alta sponda d'un monte che versa le sue acque nel sottoposto fiume Valinco. Per ampissima via da Propriano, che è in riva al mare, vi si ascende. Il granito abbonda intorno a Sartene in belli strati, e di grana fina e compatta; e le case son tutte di siffatta pietra costrutte. La città antica è murata essendo un tempo luogo di buona fortificazione, e nell'interno le vie sono anguste, le case a ridosso le une alle altre. Ma la parte esterna che per intenderci chiameremo sobborghi fa bella mostra di se. La nuova strada reale le ha reso lustro e magnificenza, e in particolar modo il superbo ponte di granito che metterà alla città. La popolazione è in continuo aumento atteso i molti forestieri che vi prendono stanza. Sartene è capo luogo di sotto prefettura, e mentre scrivo, sotto prefetto è il Sig. avvocato Costa, ajaccino, personaggio di molto ingegno e di pari istruzione. Vi è un tribunale di prima istanza a cui presiede il Sig. Montera, cortinese, uomo di aggiustato criterio, di rara penetrazione, di profondo sentire, di giustizia incorrotta e incorruttibile.

È il Sartenese più di ogni altro abitante corso riflessivo e di carattere fermo, di cuor maschio, parlo del Sartenese che non ha bevuto l'acqua della Senna, ma che ha sempre respirato l'aria del suo paese.

Sartene impertanto era il campo da me non cercato, sebbene desiderato, che assegnavami la providenza in quest'anno a coltivare. E con quello impegno maggiore che per me si potea mi accingeva all'opera, fermo in mio cuore che la raccolta sarebbe stata, per le ottime disposizioni d'animo di quegli abitanti, maggiore delle diligenze del coltivatore.

Il primo di marzo diedi principio al corso quadragesimale. Fino dalla prima predica fu grande il concorso e superiore a quanto io potessi desiderare, e di tal guisa ogni giorno più crebbe, che anche ne'dì feriali il recinto della chiesa non era capace di contenere la moltitudine. Sollecitudine ognor più crescente di recarsi alla chiesa, raccoglimento edificante in ascoltar la divina parola, furono qualità che io dovetti ammirare in quella numerosa popolazione. Ma questi pregi più luminosi comparvero quando alla metà di Quaresima diedi cominciamento agli spirituali esercizj. E fu in questi giorni di propiziazione che potei toccar con mano quanto operi la grazia del Signore ove non trovi ostacoli. I cittadini tutti di Sartene persuasi che era quello tempo di perdono e di riconciliazione, in folla e con costanza ammirabile concorsero e assistettero a questa efficace pratica di pietà. Precedeva una istruzione su i doveri del cristiano per lo spazio di tre quarti d'ora. Intanto, mentre il predicatore si riposava, riempivano il vuoto con armonico canto di sacri inni italiani adattati le specchiate alunne delle venerabili suore di carità. Dopo il quale il missionario ritornato sul palco, previa l'invocazione del S. Spirito col solito inno *Veni Creator*, faceva la meditazione o a meglio dire una predica di massima, affinchè pei lumi che avea l'intelletto acquistato per mezzo della istruzione, venisse il cuor mosso a forti e durature risoluzioni. Nè andò fallita la speranza della raccolta, e mercè l'ajuto del cielo fu copiosissimo il frutto. Nè qui starò a rammemorare le conversioni che la grazia di Dio operò. Dirò solamente che quella seconda metà di Quaresima fu abbondantissima di benedizioni celesti, in guisa tale che se nell'anno antecedente si notavano a dito quelli che si accostarono ai sacramenti, in questo que'pochissimi furon notati, se pur ve ne furono, che non resero il pasquale precetto. E fu un bello e consolante spettacolo per la religione e per i teneri figli di lei, vedere la mattina del giovedì santo vuotarsi una pisside di circa ottocento particole, e la maggior parte di queste distribuite ai fedeli, nella messa solenne che il Sig. Curato lasciò cantare al predicatore, gente d'ogni ceto di toga e di spada, giovani ed attempati, idioti e scienziati, popolo e signoria.

E di questo gran frutto, dopo Dio che solo dà l'incremento al seme che spargiamo, alle buone disposizioni di que'cittadini e allo zelo del venerando clero io debbo esser grato. E senza parlare dell'onorando veglio il Sig. Curato Luciani che fe'più di quello che la cagionevole sua salute gli avrebbe permesso, in particolar modo furon larghissimi dell'opra loro i sacerdoti Ferraud, Chierighini e Peretti, i quali non solo il dì, ma le notti spesero nell'ascoltare le confessioni con incomodo notabile di lor sanità. Ma ciò che coronò l'opera del Signore, fu la pia funzione delle tre ore d'agonia, la quale eseguita con le debite precauzioni riuscì in un modo ineffabile alla compunzione del cuore.

Il Sig. maestro Rainieri compose appositamente alcune arie da cantarsi fra parola e parola, e fu sì felice in siffatta composizione, così di buon gusto per l'applicazione al sacro rito, che eseguite dalle armoniose voci delle alunne delle venerande Suore, più volte cavaron le lagrime agli astanti.

Alle ore dodici meridiane salii sul palco, e alle tre ne scendeva lasciando nel pianto la devota compunta moltitudine. La sera a notte vi fu la solita processione del Gesù morto cui diede fine, ritornata alla chiesa, un discorso ch'io feci dal pulpito. Così nel fervore, nel raccoglimento, nella riconciliazione con Dio e nella frequenza de' Sacramenti si passò il tempo pasquale. Venne finalmente la domenica *in Albis* giorno ultimo della mia predicazione, e momento in cui dovea congedarmi dalla benemerita città di Sartene. In qual si trovasse l'animo mio e il mio cuore doloroso conflitto, io non saprei spiegarlo. Il vedermi dinanzi un amato popolo, che per lo decorso di due mesi mi aveva udito con tanta pazienza, il sapere che tra la radunata moltitudine v'erano tanti che riposta avendo in me la loro confidenza s'eran lasciati curare le inveterate piaghe dell'anima, era un quadro questo da intenerire e chi diceva, e chi

udiva, e fu pur forza che e chi udiva e chi parla-
va i segni appalesassero dello amaro distacco. Fu
in questa occasione dove il predicatore si fece a
discorrere della necessità di fabbricare un tempio
più vasto, capace di contenere nelle popolari funzioni la concorsa moltitudine. A riuscir nell'intento ai Sartenesi parlando, non ebbi ad usar molti
stimoli, di cui non abbisognava il generoso animo
de' medesimi, ma fatta lor conoscere la nobiltà
dell'impresa, l'onore che ai medesimi ne derivava,
l'emulazione che si sarebbe destata negli altri,
ebbi la bella consolazione di vedere accolte le mie
parole sì bene che nel giro di breve tempo già
ascendevano le cifre de' sottoscrittori alla vistosa
somma di oltre sessantamila franchi.

Ma il tempo si avvicinava in cui dovea io abbandonare questa docile terra; la fin d'aprile era
imminente, ed io l'ultimo di questo mese dovea
dar cominciamento nella parrocchia di S. Rocco
d'Ajaccio al mese Mariano.

Il 26 dunque d'aprile fu il giorno destinato alla
mia partenza, e il giorno 26 d'aprile fu un giorno
di profondo dolore al cuor mio non meno che al
cuore di quell'ottimo popolo.

E qui mi giovi riflettere che le simpatie che de-
sta la religione sono le più care, le più durevoli.
Qual è quel cristiano che non ricordi con giubilo
e con amore lo strumento di cui Providenza ser-

vissi per ricondurlo al suo seno? Quella predica ove restò preso è indelebile nella sua memoria, que'salutari consigli, diretti a rimediare al passato, a provvedere al futuro impressi gli porta vivamente nell'anima; quell'*io ti sciolgo da' tuoi peccati* sentito con fermezza di fede, come arrecogli soave balsamo al cuore che gli temperò, gl'involò le lunghe ambascie, così in ogni istante lo ricorda con gioja, perchè in ogni istante gli rammenta quell'ora in cui pose fine alla guerra con Dio. E al doversi quindi dividere dall'oggetto che cooperò al suo bene spirituale viva la gratitudine, forte l'amore, il dolore sensibile. Nè diversi sono gli affetti da cui è mosso colui che servì di mezzo ai disegni della divina grazia. Alla vista di tante traviate pecorelle ritornate all'ovile, docili alla verga soave del buon pastore; di belli esempj di virtù un dì neglette, oggi con piacer coltivate, di fervor novello nelle pratiche di pietà, questo dolcissimo quadro non può non muovere a tenerezza, a lagrime il cuore del missionario nel doversi dividere da oggetti sì cari.

Niuna meraviglia impertanto, se il giorno di mia partenza fu un giorno di reciproco affanno, di reciproco dispiacere, che io divisi con que'cittadini, essi con me. Fino di buon mattino tutta la città in movimento, molti in ammannire destrieri per accompagnarmi. E già tutto in ordine, pre-

so comiato dagli ospiti Mancini e dalla numerosa
comitiva de' principali cittadini che si trovaron
presenti, con un seguito di circa sessanta cavalieri, lasciai non senza molte lagrime la desiderata
città.

E giocondo spettacolo era riguardare rivolti in
dietro a poca distanza dalla città stessa il quadro
che si presentava agli sguardi nel vedere il popolo
tutto ove affacciato ai balconi, ove sfilato lunghesso
la via, quà unito in drappelli, là sparso sulle emi-
nenze augurare alla comitiva prospero il viaggio.
Nè senza ragione queste cose rammemoro, avvegnachè servan esse a far conoscere ai popoli chiamati inciviliti, che la vera civiltà che dal vangelo solo ha le sue mosse e nel vangelo la sua meta
è capace di dimostrazioni, che alla civiltà del
secolo riescon ridicole, perchè, vuota di quel caldo sentimento che solo la religione è capace
d'ispirare.

Così proseguendo il cammino arrivammo a
Propriano. E fu quì che dovendo darci reciproco
addio, scostatici alquanto dal paese, il Rocca-
serra presidente della fabbrica mi fece, a nome
di tutta la città, una breve toccante allocuzio-
ne; alla quale con brevi motti, perchè commosso
nell'animo, rispondendo, e manifestando la mia
gratitudine e la memoria indelebile che avrei

sempre serbato degli amatissimi Sartenesi, ci di-
videmmo.

Rimasto colla mia guida, col Sig. Rainieri e col
Sig. Rossi, continuai il mio viaggio per arrivare a
pernottare a Petreto. Giunti ad Olmeto soffermai
alquanto in casa del Sig. Rossi, il quale col Sig.
Rainieri volle accompagnarmi fino a Petreto. Alloggiai in casa del Sig. Curato Giustiniani, e la
mattina seguente passando per S. Maria ove mi
fermai breve ora dal Sig. Curato Mancini, sul-
l'annottare del giorno ventisettesimo arrivai in
Ajaccio. Non mi rimaneano che due giorni a
riposo, di cui immensamente abbisognava sì per
le antecedenti fatiche, sì per il viaggio che per
lo cattivo tempo e per due cadute mi riuscì gra-
vosissimo.

Ma non posso finire questa narrazione senza che
io in poche parole renda un pubblico attestato di
gratitudine alla città di Sartene. E dapprima al
popolo tutto per la sollecitudine con cui concorse
alla chiesa ad udire la divina parola. E sebbene
questo impegno io l'abbia ravvisato in ogni corsa
popolazione, in una maniera particolare intendo
predicarlo de'Sartenesi, perchè in essi più palese
comparve e più perseverante. Nè debbo tralascia-
re senza ricordanza gli attestati di stima delle autorità locali, le quali con la voce e coll'esempio
cooperarono al pubblico bene spirituale. E il ceto

di coloro che coltivano « *le sentenze che a Coo fer tanto onore* » e quello de' giurisperiti non lascerò io dimentico, avvegnachè il loro esempio abbia dato forte stimolo ai più, affinchè la S. Missione sortisse il desideratissimo effetto. E onoratissima ricordanza meritano le venerabili Suore di carità, dalle quali ricevei tanto ajuto nel corso della S. Missione coi canti spirituali, in cui, come son esse maestre, così san tanto bene istruire le loro alunne. E qui, se la mia parola può qualcosa sull'animo de'Sartenesi, raccomanderò alla città tutta la conservazione di questo pio stabilimento, procurando ciascuno alla sua volta di praticare i mezzi più atti per conseguire un tal fine. L'educazione delle femmine è oggetto del più alto rilievo. Il potere avere buone educatrici è una fortuna per un paese. E questa fortuna la possiede Sartene. Io ho avuto agio di conoscere e trattare da vicino queste specchiate religiose, e posso assicurarvi aver ravvisato in esse un tatto finissimo nel fatto della educazione, una mente assestata nell'insegnamento e nella disciplina, un sistema fisso, sostanziale nelle pratiche della religione; onde le alunne che avranno la sorte di essere da queste provvide religiose istruite riusciran senza fallo figlie docili e laboriose, di consolazione ai loro genitori, di esempio alla città tutta, se cause estrinseche o di soverchia rilassatezza, o d'inutile e spesso alle famiglie dan-

noso bigottismo non venga a guastare quest'opera
santa.

Ma un singolare attestato della mia riconoscen-
za merita la famiglia Mancini, dalla quale io fui
ricolmato di benefizj e di finezze tali che appena
potrei sperarle in seno de'miei consanguinei. Due
mesi e tre giorni io dimorai con mia piena soddisfazione in una casa dove la pietà, l'armonia, l'a-
more lega un ottimo padre il Sig. Anton Goffredo,
e la piissima sua consorte verso tre rispettosi figli
e tre affettuose figliuole, frutti del lor conjugio. Io
porterò sempre scolpita in me la memoria di questo soggiorno, e nulla potendo rendere in contra-
cambio a tanti favori ricevuti, viva mi terrò in
cuor gratitudine verso di loro, e per quanto la fra-
lezza mia il comporti voti solleverò al cielo, perchè alla religione e alla società sempre più prosperi
quella meritevole e a me diletta famiglia. Alla quale in linea di doverosa gratitudine tengon dietro
le due famiglie Tavera Sigg. Antonio (1) e Domenico, le quali strette in parentela con casa Manci-

---

(1) Mentre si stampano queste lettere ricevo la dolorosa notizia
della morte improvisa nell'età di circa ottant'anni del Sig. Antonio
Tavera. Fu egli uomo dabbene, tenero padre, affettuoso marito, ottimo
cittadino, giusto, caritatevole, di soda pietà. La memoria di queste
virtù serva a temperare l'affanno da cui è oppressa la vedovata famiglia
per una perdita così grande, e il suo effetto sortisca questo voto sincero!

ni mi diedero ognora dimostrazioni di stima e di affetto da non dimenticarle giammai.

Il 30 dunque d'aprile diedi cominciamento al solito mese di Maria. Era il terzo anno che io in quella città e su quel pulpito imprendeva siffatta predicazione , e questo pensiere mi scoraggiava. Ma fu inesprimibile la mia sorpresa e la mia contentezza quando vidi fin dal primo giorno maggiore il concorso degli anni preteriti, e questo crescente ognora e perseverante fino al fine. La qual cosa io non so attribuire che alla buona disposizione d'animo nel fatto della religione di quei cittadini e al fervore che in loro aumentò la missione sul finir di Quaresima data dai molto RR. Padri Melia e Altieri della compagnia di Gesù, che molto bene arrecarono a quella città e i semi vie meglio svilupparono della divina parola sparsa da altri evangelici banditori negli anni antecedenti, colla loro pietà e col loro zelo indefesso. Questa pia divozione ebbe fine colla solita comunione generale che in questo anno fu trasportata alla vicina domenica ricorrendo la solennità della Pentecoste.

Dopo ciò, prima di rimpatriare, sì per compiere qualche affare del mio ministero, sì per secondare l'invito di molti amici ritornai a Sartene in compagnia del Sig. D. Cristoforo Mansi, Vicecurato di S. Rocco in Ajaccio. Ci fermammo parecchi giorni colà, intenti a corroborare l'opera del Signore, cumulati ognora più dai tratti di buon cuore e di stima ; ma ciò che davvero consolommi fu il vedere che le funzioni di chiesa erano più frequentate, che l'opera della nuova chiesa stradava con maraviglioso successo. Il giorno quindici giugno lasciammo di nuovo Sartene, e col battello a vapore il *Telegrafo* che avea toccato la rada di Propriano in poche ore fummo di ritorno in Ajaccio. Tre altri giorni mi trattenni alle replicate cordiali istanze del Sig. D. Luigi in Ajaccio, dopo i quali preso comiato dalle autorità ecclesiastiche e dagli ottimi amici, partii per Bastia il diciannove. Quivi trovando che scioglieva l'ancora il *Telegrafo* montai a bordo di quello la sera del giorno stesso e la mattina seguente si prese fondo in Livorno dopo un viaggio assai felice. Un giorno solo mi fermai in Livorno, e il dì ventuno di giugno sano e salvo rivedeva la mia casa, i miei parenti e gli amici.

Ed ecco che così ho compito la storia della mia predicazione di quest'anno fatta nell'isola di Corsica, e con questa la relazione del primo mio quinquennio.

Addio, mio carissimo amico. Quanto desidererei avervi compagno in qualche altra mia gita che presto rifarò in quella classica terra. Ma voi divide da me una distanza di circa trecento miglia e però inutili sono i miei voti. Contuttociò servan essi a manifestarvi ognora più quel dolce vincolo d'amicizia che come sin quì, così fino alla morte mi terrà a voi con tutto l'animo vincolato (1).

Vi abbraccio di cuore e mi ripeto

Vostro vero Amico
GIOACCHINO PROSPERI.

Lucca, 5 novembre 1843.

(1) Io ho finito questo qualunque siasi lavoro. Poteva essere e più esteso, e più ben condotto, e meglio scritto. Tutto ciò è vero, e con più agio di quello io mi abbia avuto tutto si potea fare. Ma all'intendimento mio di dare alla Corsica un attestato della mia stima e della mia gratitudine basta questo. Alcuni diranno che ho voluto fare il panegirico de'Corsi. — Ebbene! Potrei essere perciò condannato? — Ma prima di pronunciar sentenza si abbia presente la mia qualità di evangelico predicatore, e poi si richiami alla memoria quello che ho scritto al principio della lettera sesta. Se la Corsica ha de'difetti, (e qual v'ha popolo che non ne abbia?) a me tocca a correggerli coi mezzi del mio ministero, non a pubblicarli. Nè per questo posso esser tacciato di poco veritiero, se pria non si dia una mentita alle cose che narro; ma siccome le cose son fatti, smentir non si possono se non col provare la falsità delle medesime. Io però nutro invece una dolce speranza che i miei connazionali italiani mi sapranno grado di questo breve lavoro, che riguarda una porzione de'nostri fratelli, i quali se per politica combinazione non appartengono all'Italia, per geografica posizione, per costumi, per lingua, per pensamenti sono e saran sempre italiani.

AVVISO AL LETTORE.

Per secondare un general desiderio fo di pubblica ragione la quì annessa orazione. Erami già congedato da Ajaccio, quando per la morte quasi improvvisa di Monsignor Pino fui invitato a rendergli funebre onore, e per ciò dovetti ritardare di un giorno la mia partenza. Recitato l'elogio, Monsignor Vescovo me lo chiese, ma non potei contentarlo in quel momento per esser esso, attesa la brevità del tempo, troppo male scritto. Giunto a Lucca e ricopiatolo glielo rinviai subito. Ma per innocente combinazione stette in viaggio circa due mesi prima di arrivare nelle sue mani. Stamparlo allora era frutto fuor di stagione, e più sarebbe adesso (specialmente dopo che il chiarissimo Guasco Arciprete di S. Maria di Bastia diè in luce il suo), se non avessero fatto forza le replicate domande del pubblico veneratore dell'illustre defunto. Esso però esce tal quale lo recitai il giorno de'solenni funerali, e quindi povero di notizie, e più povero de'pregi che gli si converrebbono. E perchè non rifarlo dirà taluno? perchè allora non sarebbe più quello; e il pubblico mi domanda quello che recitai, non un altro che avrei potuto tessere con più agio. E questo basti per dare il perchè di aver alle antecedenti lettere unita la seguente funebre orazione.

DI

MONSIGNOR SEBASTIANO PINO

PRELATO DOMESTICO DI S. SANTITA'
E VICARIO GENERALE DI MONSIGNOR VESCOVO DI CORSICA

Elogio funebre

Recitato il giorno decimonono di Giugno dell'anno 1843
nella Chiesa Cattedrale di Ajaccio.

———⋆⋆⋆⋆⋆———

*Usque in senectutem permansit
et virtus.* ECCL. Cap. 46.

E nel momento di ritornare alle natie sponde
dell'Esare era dunque a me riserbato l'incarico doloroso di lamentare con esso voi l'amara perdita
di Monsignor Sebastiano Pino, rapito per man di
morte inaspettatamente alla terra? E potrò io av-
venturare il mio passo nel difficil sentiere della lunga sua vita sprovvisto come sono di cognizioni intorno alle gloriose gesta dell'estinto prelato, nel-
l'atto stesso in cui molti infra voi che quì raccolti
mi fate onorata corona, ne siete ampiamente forniti? E non dovrò io perciò correr pericolo di scemare il merito del grand'uomo, e tradire l'espetta-
zion vostra devota? Dovrò dunque desistere dal-

l'impresa? Così per vero richiederebbe l'importanza dell'argomento, se il desiderio di secondare un venerato ed onorevole invito, se il piacere che sente il mio cuore di pagare questo lieve tributo d'affetto alla memoria del riverito ed amato veglio, non mi consigliasse altramente. Per la qual cosa e da questo schietto desiderio sospinto, e dalla fiducia animato della vostra conosciuta indulgenza, venerevole Antiste, onorandi Ajaccini, a percorrere in brevi tratti mi accingo in questo funebre elogio le luminose azioni di quell'illustre personaggio, di cui altro su questa terra non resta che il freddo cenere, che la memoria di sua virtù. Si....\ e voi la vedete su quella bara la fredda salma del caro padre, del vero amico, del consolatore benefico dell'orfano, del poverello...... Ma ohimè! è taciturno quel labbro su cui risuonò sì spesso l'accento di conforto e di pace; è freddo quel cuore che nutrì affetti sì teneri di carità verso Dio e verso de'suoi fratelli; è immobile quella mano che si aprì tante volte generosa al soccorso del bisognoso. Si.... Sebastiano Pino non è più tra noi! E il solenne mestissimo rito di cui echeggiò la volta augusta di questo tempio, e l'afflizione che dipinta osservo sul vostro volto, e gl'interrotti sospiri, e quella lagrima che spontanea vi cade dal ciglio, tutto mi annuncia che quì radunati vi siete per rendere all'inclito trapassato l'estremo tributo della vostra stima, della vostra pietà. Ma sospendete per brevi istanti l'affanno del cuore, mentre io a molcerlo, a consolarlo m'ingegnerò di mostrarvi (per quanto il consenta la brevità del tempo accordatomi a tessere questo elogio) che Monsignor Sebastiano Pino fu un uomo virtuoso dai primi albori della sua vita sino al tramonto della medesima, *usque in senectutem permansit ei virtus.* Poscia a tumulare ite pure il cenere del giusto che dormì nel Signore, e mentre una lagrima d'affetto verserete sul suo sepolcro, un sospiro d'eterna requie alla sua grand'anima sollevate fino al trono di Dio.

In Bastia, antica capitale della Corsica, dai conjugi Felice Pino e Maria Gavi di condizion mercadanti, nel mille settecento settanta traeva Sebastiano i natali suoi. Sorretto fin dalla cuna dalla virtù, sotto l'oculata vigilanza de'suoi genitori potè egli imbevere l'animo suo di que'sentimenti di cristiana pietà, i quali ognora più col processo del tempo sviluppati non lasciano di arrecare frutti vistosi e duraturi. Alla cultura del cuore fu provvida sollecitudine de'suoi genitori di accoppiare quella dell'intelletto, e applicatolo fino da giovinetto alle buone discipline, i progressi che in quelle faceva dieder chiaro a conoscere il molto acume del suo ingegno. Sortito avendo dalla natura un'indole dolce, alieno dal mondano divagamento, destinato da Dio ad essere un luminare della Chiesa Cirnen-

se, vestì da giovinetto l'abito clericale che imma-
cùlato portò fino alla tomba. Rimasto orfano di
madre nella tenera età di dieci anni, poscia di padre pria di toccare il terzo lustro, egli raddoppiò i
suoi sforzi per formarsi strumento atto alla gloria
di Dio, di cui dovea essere per lo decorso di tanti
anni indefesso propagatore.

Ma i tempi della vertigine e dello scompiglia-
mento eran già surti sull'orizzonte europeo. Cor-
rea l'anno novantunesimo del passato secolo, quando le calamità religiose dalla Senna movendo, e
ognora più dilatandosi vennero ad infestare ancor
questa terra incontaminata. Fu allora che contando Sebastiano Pino l'anno ventesimo primo della
sua vita in compagnia di Monsignor de Joannis de
Verclos vescovo di Mariana, fu costretto a trasfe-
rirsi in Italia. La novella Atene,

> » . . . . del bel paese
> » Che Appennin parte, e il mar circonda e l'Alpe,

la sempre culta e maestosa Fiorenza fu il campo
sul quale mostrò Sebastiano quella virtù, che in-
nestata s'era da garzoncello nel cuore. Infatti fu in
questa città reina dove egli alla careggiata pietà
novello impegno accoppiando nell'addestrarsi al
ministero sacerdotale, il sacrosanto ordine ricevè
del Presbiterato.

Ma era tempo che questa ardente lampana, che
nascosa con tanto studio s'era tenuta entro i recin-

ti di Sion, cominciasse a spargere la sua luce a benefizio de'suoi fratelli. Quindi al ritorno de'Vescovi
in quest'isola lo stesso Mgr de Verclos schiuse il var-
co al novello levita, e col nominarlo Arciprete curato della cattedrale di S. Maria di Bastia gli additò
un'arena, dove l'indefesso suo zelo potè dar prove
di gran valore. Nell'anno adunque mille settecento
novantasei dà egli principio alla sua apostolica
carriera, che dovette poi esercitare per otto lustri,
e al bene consacrasi del gregge alle provvide sue
cure affidato. Ma mentre egli rivolge tutte le sue
mire ad apparecchiare i mezzi più acconci a pro-
curare la salute spiritual del suo popolo, mentre
già dilata le paterne viscere a benefizio dell'indigenza, novello turbine infuria che lo costringe ad
abbandonare un'altra volta la terra nativa. Infatti
avendo gl'Inglesi abbandonata la Corsica, il governo repubblicano prescrive al clero di Francia
un giuramento dall'apostolica Sede dannato. Anche
all'Arciprete Pino si presenta la formola. Ma egli
che è fermo nella divozione alla S. Sede romana,
la proposta rifiuta, e si sottopone piuttosto a lasciare
un'altra fiata il patrio lido. Abbandona di fatto nel
1797 quest'isola, e reduce di nuovo in Italia, ritor-
na al fianco del suo Vescovo Mgr de Verclos fino al
1801, epoca in cui conchiuso fra la S. Sede e Napoleone Buonaparte il celebre Concordato, potè egli
restituirsi al suo ovile, e nella quiete e nello zelo del

suo spirito spargere sul caro gregge i sudori suoi.

Era Sebastiano Pino di tal tempra da indurare più presto ne' travagli, e ne' medesimi rinnovellarsi a fervore, che abbattersi o indietreggiare. Quindi le sin quì sofferte traversie a niente altro servirono che ad addestrarlo vie meglio a que'più gravi cimenti a cui Provvidenza attendealo, a purificare vie più il suo spirito, a zelare con più calore la salute de'prossimi. E di vero, sebbene per le calamità de'tempi trovi egli inselvatichita la vigna che dee coltivare, non vien meno pertanto il generoso suo cuore, che anzi alla vista degli ostacoli ognor crescenti oppone novella cristiana fortezza, e per ben due lustri persevera nel laborioso ministero. Quella virtù, che non l'abbandonerà che sull'orlo del sepolcro, anima il suo fervido spirito, ed ora lo senti su i sacri pergami tuonare potentemente allo scempio del vizio, ora lo vedi pietoso medico ne'tribunali di penitenza le piaghe curare de'languenti d'Israello, ora al letto degli infermi, e co'salutari consigli allo spirito porgere ancora ai corpi l'aspettato sollevamento.

Ma Provvidenza divina altri disegni ordina che si compiano sopra di lui, e se egli comparve pastor zelante del gregge suo, vuole che di cristiana fortezza nel sopportare la persecuzione per la giustizia dia luminosissima prova. Oh cuor generoso del magnanimo Pino sofferma un istante! Vedi quale ti si

apre dinanzi tristissima scena? Ecco là il forte di Fenestrelle prigion di Stato fra gli scoscesi burroni
d'altissime rupi, ove l'ultimo ghiaccio aspetta sempre il novello, ove i venti impetuosi pare facciano
a gara a chi più infuria, ove nebbia foltissima in-
gombra per la più gran parte dell'anno l'aere intorno, aere che non è popolato che a quando a quando
da qualche aquila che tel rende più tristo, questa
è la sede per te apparecchiata, e tu colà dentro sepolto vivo aspetterai gli ulteriori destini del
Cielo. Tituba forse egli l'imperturbabile suo spirito, il già ai travagli temprato suo cuore? Non ha
egli appena udita la sua sentenza nel momento stesso in cui nel tempio santo, troncatogli dal magistrato presente l'accento sul labbro, vien costretto a
discender dal pergamo, che egli si dà nelle mani di
chi lo condanna, e nella calma del suo cuore, e
nella rassegnazione ai divini voleri si dà in balìa
di chi lo debbe tradurre prigione. Di vero di lui
parlando nelle sue memorie storiche l'eminentis-
simo Pacca si esprime così : « L'Arciprete Pino
» Parroco in Bastia di Corsica..... facendo il ser-
» mone nel giorno solenne dell'Assunta (che vo-
» leasi consacrare alla memoria di S. Napoleone)
» alla presenza della magistratura, furono da que-
» sta interpretate alcune sue proposizioni in sini-
» stro senso di satira e di censura contro la con-
» dotta di Napoleone nelle cose della Chiesa, onde

» impostogli silenzio prima che terminasse il di-
» scorso, si fece discendere dal pulpito e condurre
» in arresto. » Sin quì egli.

Io non so ben dirvi, Ajaccini onorandi, qual
fosse il tenor di vita da lui praticato in quella du-
rissima prigione di Stato. Contuttociò dalle antecedenti virtuose sue azioni e da un brieve, modestissimo commentario trovato fra suoi scritti, agevole mi riesce il congetturare il gran pro che egli
seppe ritrarre da questa lunga e penosa tribolazio-
ne. Nella solitudine di quell'orrida stanza parmi ve-
derlo ora sollevare la mente e il cuore all'Altissimo,
e nella meditazione de' divini disegni sempre più
piegare il docile intelletto alla divina santissima volontà e ripetere *plura, Domine, plura;* ora col pensiero volando sul natìo suolo porgere al ciel caldi
voti, perchè innocuo gli conservi il suo gregge, e
da lupo divoratore il difenda, *da mihi,* esclaman-
do, *populum meum pro quo obsecro;* ora tutto
acceso di carità nell'eucaristico cibo nel sacrifizio
incruento sbramare gli ardenti affetti del suo cuor
con Dio, per cui sol soffre, dicendo : *aut pati, aut
mori;* ora a incoraggiare il suo animo, intento nella
lettura delle eroiche gesta degli atleti cristiani che
tante sostenner persecuzionj, *si isti et istæ,* ripetere, *cur non ego?* ora a saziare la brama che intensa
s'avea per la salute dell'anime ai compagni d'esilio
sminuzzare la divina parola. E che tale fosse il me-

todo di vita da lui tenuto nello Spielberg d'Italia
ampiamente apparisce da quel nuovo ardentissimo
zelo di cui fe'mostra, quando dopo aver passato
un triennio di misera vita stentata, ora nelle car-
ceri di Livorno, poi e per lunga pezza nel forte
di Fenestrelle in Piemonte, finalmente in varie
prigioni di Francia fino alla caduta dell'Impero fu
egli restituito al suol natìo e alla antica sua sede.

Ma è quì appunto dove un pensier lusinghiero
gli si affaccia alla mente, e così al vivo lo assale da
smuoverlo dal prefissosi stadio. E certamente che
avria dovuto cedere se meno ferma fosse stata in
lui quella virtù, che ha messo in guardia al suo
cuore, *usque in senectutem permansit ei virtus*.
E quale gli dice infatti, o Sebastiano, strano desio
ti prende di abbandonare la tua fortuna, che di
per se stessa ti viene incontro? Tu prigioniero di
Fenestrelle, tu compagno d'esilio di tanti venere-
voli personaggi, perchè non rivolgi anche tu i tuoi
passi al Tebro? Vedi come colà ti aspetta meritata
corona? Senti come la tua costanza celebri il Vatica-
no? Vorrai tu dunque viver giorni negletti, ignoto
a tutti nella tua terra? A Roma, a Roma, là ti attende un trionfo dovuto a chi le guerre guerreggiò
del Signore..... E di vero non è punto a revocarsi
in dubbio che se l'Arciprete Pino dal Piemonte
avesse rivolto il suo passo a Roma, fornito come era
di molta scienza, di segnalata pietà si sarebbe ve-

duta dischiusa innanzi là strada alle dignità più
eminenti. Ma egli è un tesoro nascosto, e gl'impulsi seguendo della umiltà del suo cuore : a Bastia,
ripete seco stesso, a Bastia si torni in seno degli
amati miei figli, là coglierò contentezze più care
al cuor mio ; ah ! cari figli, è già lunga pezza da che
la voce non sentono del lor padre, chieggon pan
salutare, e non v'ha chi loro lo spezzi. Addio terrene
dignità, sogni lusinghieri di troppo brieve pelle-
grinaggio io vi lascio, e nel nascondimento passare diviso i rimanenti miei giorni. Sì disse, e sì fece. E voi lo vedete veleggiare dalle sponde tirrene
per tornarsene per l'ultima volta nella cara sua
patria, ed ivi, consumata la sua vita a benefizio del
natio paese, chiuder gli occhi al placido sonno dei
giusti. Già egli è dinanzi a Bastia.... Vedete come
gli affettuosi cittadini sulla riva l'attendono, e sten-
dendo le braccia in verso di lui l'amore gli appa-
lesano che chiudone in seno ! Il suono intanto festoso de'sacri bronzi, i replicati saluti di voci giu-
live, la festa e il giubilo che fiorisce sul sembiante
di tutti ci annuncia che egli finalmente ritrovasi
in seno de'figli amati, de'suoi diletti concittadini.

Di nuovo alla intralasciata cura dell'anime egli si
applica, e raddoppiando lo zelo di cui avea fatto
mostra ne'primi due lustri al fervor del suo cuore
abbandonasi. Il cielo è sereno, il mare in calma,
e però non ha più egli a temere tempesta che lo

disturbi dal regolare il naviglio di cui presiede al timone. Per ben sei lustri continuò egli a zelare la salute dell'affidatogli gregge, ed oh con qual cuore custodillo egli mai !

Sortito come egli avea dalla natura una straordinaria tendenza alla predicazione della parola divina, tendenza aumentata dallo spirito di Dio che lo anima a pro de'fratelli suoi, quanto spesso e quanto bene ragionar non l'udirono dalla sacra cattedra i suoi concittadini. Chiaro nella tessitura de' suoi sermoni, facile nello sviluppo de' suoi pensieri, fluido e purgato di stile. si fece sempre intendere agli idioti senza dispiacere ai dotti, lezioso più presto tal volta, e studiatamente forbito anzi che basso e negletto, e per lo lungo esercizio nella sacra oratoria a tale giunse grido di buon dicitore da non contarsi, nel vigore della sua età, niuno fra il clero corso che andassegli innanzi. Di questa sua rara prerogativa servissi egli sempre al vantaggio spirituale de'suoi parrocchiani , ai quali oltre gli annuali sermoni per molti anni annunciò la parola di Dio nel tempo quadragesimale.

Che se queste luminose virtù nell'Arciprete Pino spiccavano agli occhi di tutti, altre egli ne possedea, le quali quanto più nascoste erano ai guardi del mondo, tanto più palesi apparivano a quei del Cielo. Io non ne accennerò che una sola, come quella che più rende bello il corso di que'quaranta

anni in cui resse la prima parrocchia di Corsica.
Il distacco vo' dire dalle sostanze di questa terra,
e la carità sua per conseguente di versar tutto nel
seno de'poverelli. Si : fu effetto di questa sua tenera carità se egli visse sempre contento del poco,
se egli non solo non ingrandì , ma restrinse il suo
stato, se finalmente al momento di recarsi in questa vostra capitale, o Ajaccini, a coprire più ono-
rifico luogo trovossi nella necessità di mendicare i
mezzi opportuni. Ma come un'era novella e di bel-
lissimi fasti adombrata spuntò per la vostra isola
nell'anno trentesimo terzo di questo secolo, così
anche di Sebastiano Pino si cambiaron le sorti.
Sollevato dalla provvida mente del regnante sommo Gerarca Gregorio sestodecimo a reggere il
pastorale della Chiesa Cirnense l'illustrissimo e re-
verendissimo Monsignor Casanelli d'Istria, che qui
presente la perdita anch'egli lamenta fino all'animo addolorato del venerando veglio, un nuovo
ordin di cose incominciò per la vostra terra natia,
ordin di cose fecondo di lustro al patrio suolo, di
decoro alla religione, di edificazione ai popoli.
Bramoso il novello Antiste di fiancheggiare la sua
sedia vescovile di dottrina, di pietà, di consiglio,
gli occhi rivolse al già conosciuto merito dell'Arciprete Pino , e persuaso niun soggetto poter egli
rinvenire, in cui si accoppiassero in più numero
scelti pregi, lui chiamò a divider seco le sempre

difficili e gravi cure dell'episcopato, eleggendolo a uno de'suoi Vicarj Generali.

Ed ecco come l'Arciprete Sebastiano Pino per annuire ai rispettati inviti del venerato Presule coll'affanno sul volto, bagnata di calde lagrime la senil gota, a dividersi è costretto dall'amato suo popolo. E qual fu mai deh! tu dimmi, o Bastia, l'amaro cordoglio da cui fosti presa, quando dalle tue mura si accommiatò? Salve ripetea al buon padre rivolto il vecchio cadente, mestissimo il ciglio, memore delle sue sollecite cure; salve soggiungea la giovine sposa che ricorda i provvidi consigli del caro padre; e i teneri fanciulli il ripetono, cui sminuzzava i rudimenti di cristiana pietà, e la vedova afflitta cui terse tante fiate le lagrime, e l'infermo che perdè il benefico consolatore, e il povero che sperimentò così spesso i misericordiosi suoi tratti. Fra i ripetuti vale di tutto un popolo, fra gli augurj di prosperità che gl'invia la città sua che fra i singulti da lui si divide, arriva egli in questa vostra capitale, onorandi Ajaccini, e nella nuova carriera con quella stessa virtù che accompagnollo sin quì da magnanimo s'incammina : *usque in senectutem permansit ei virtus.*

Sarebbe inutil cosa che io quì vi schierassi sott'occhio i rari pregi con cui egli adornò la novella vita di Vicario Generale. Voi li vedeste, li ammiraste di per voi stessi. Se prudenza, consiglio e

bontà d'animo, se un corredo di sacra scienza doti
sono indispensabili a bene disimpegnare una carica
di tanto rilievo, ditemi se una volta sola venner
esse meno nel Vicario Generale Pino? Quale non
aveva egli fino giudizio nel sentenziare, e come le
sue decisioni regolate dalla cristiana carità avean
sempre per ultima meta l'altrui edificazione; qual
prudente lentezza nell'applicare ai bisogni i rimedj; quale prontezza nel definire le più intralciate
quistioni; quale facilità nello scrivere con purezza
la lingua del Lazio; qual maturità di consiglio,
qual misura nelle parole, e qual piacevole e al
tempo stesso dignitoso contegno sempre eguale a
se stesso : pregi tutti che voi doveste le mille fiate
vedere e ammirare. Percorrete l'isola vostra tutta
quanta, e benedetto sentirete risuonare dovunque
il suo nome. Non vi dirò di Bastia sua terra natale. Ma benedetto l'ho io sentito ripetere lunghesso
l'una e l'altra sponda del Capo Corso, benedetto
il ricordano i fruttati colli del Nebbio, e per le
immense selve di olivi la sempre verdeggiante Balagna. Tale lo sentii fra le gigantesche rupi del
troppo caldo e troppo freddo Niolo, fra le romantiche valli del piacevole Vico, lungo le rive del
Golo e del Liamone, nella fertile Casinca, nella
pingue Tavagna, nella ricca Sartene. Quale, mi
dite, fra quanti conta individui questa estesa diocesi troverete voi che non ricordi con giubilo i tratti

cortesi del mansueto spirito di Sebastiano Pino, anche allora che esercitar dovendo la parte più grave e più dolorosa della sua carica allo spirito di dolcezza facea mestieri accoppiare la fortezza del braccio? Ed oh con quanto onore e con quanto affetto si applicò egli mai sempre al disimpegno del suo ministero! Due giorni soli, mi piange il cuore nel ricordarlo, due giorni soli prima della inaspettata sua morte attendeva egli e presiedeva alle gravi cure della diocesi, *usque in senectutem permansit ei virtus.*

E qui nulla io vi ho detto di quel basso sentire di se medesimo, talchè mai uscisse dal labbro suo accento, che ridondasse a sua lode; nulla di quella tenera devozione che calda nutrì sempre in suo cuore verso Gesù sacramentato e verso la regina del cielo Maria; nulla di quel fervore con cui offeriva all'Altissimo l'incruento sacrifizio, fervore da muoverti a pianto di compunzione; niente di quelle visite, di quelle elemosine che settimanalmente facea agli ospizj de' poveri e agl'infermi negli ospedali; niente di quel disprezzo degli onori del mondo, dimodochè sollevato all'onore di Prelato Domestico del romano Pontefice, onore procuratogli in ricompensa di merito e in segno di gratitudine dal nobil cuore del magnanimo Antiste di questa diocesi, chi v'ha che dal labbro suo un cenno udisse mai della nuova dignità di cui era stato investito?

Ma ohimè! l'astro di Sebastiano Pino improvvisamente declina al tramonto, e occultandosi al nostro orizzonte noi lascia privi di tanta luce. Infatti pago Dio delle azioni del suo fedel servo, vuole in lui coronare in cielo quella virtù che gli fu fida compagna fino all'ultimo istante della sua vita, *usque in senectutem permansit ei virtus.*

Attaccato infatti nel giorno decimo quarto di questo mese da febbre algido-perniciosa, indomita ai rimedj dell'arte, nel terzo violentissimo parosismo, il giorno decimosettimo, verso le ore otto antimeridiane, lo strappò ai viventi. Ma pria che egli chiuda gli occhi alla requie de'giusti io vo' che meco vi rechiate al letto delle sue agonie. Vedete qual serenità mostra egli in quel venerando volto! Sentite quali fervidi voti scioglie dal senil labbro? Mirate in qual placida calma riposa; talmente che interrogato dall'amato suo Vescovo, che in quel momento e per l'ultima volta affettuosamente stringeasi al seno, se avesse di qualcosa bisogno, quasi sorridendo risposegli: « *pel corpo no chè tutto è finito : per l'anima sì, e questa raccomando alle sue orazioni.* » Vedete come solleva le semigelate braccia verso il Cielo in segno dell'umile sua rassegnazione ai voleri divini! Udite come di per se chiede per conforto nel gran passaggio l'eucaristico cibo, e il sacramento dell'ultima unzione! Di tal guisa fra i fervidi voti di un cuor che brama il conseguimento del sommo bene, fra le preci devote che gli ripete il ministro di Dio, fra i sospiri e le lagrime de'circostanti che genuflessi piangono l'amara perdita, al sonno s'abbandona de'giusti.....

Salve, anima intemerata, entra pure al possedimento del retaggio de' Santi; cingiti sul fronte quella corona che per la tua somma virtù ti ha Iddio apparecchiata; ma di noi ti rammenta che con tante sollecitudini coltivasti, del venerato Presule che amara sente in cuor suo di tua perdita la ferita ti ricorda, gli rattempra la cruda ambascia, lunghi, sereni, gloriosi giorni gli ottieni, e supernal lume gl'infondi per la scelta di un successore dalle tue virtù non degenere.

ERRORI.				CORREZIONI.
Pag. 24	lin.	10	sorprendete	sorprendente
37		24	secolo	suolo
69		23	nè manco di biasimare	nè lodo
106		4	giorno	primo
145		27	Caraffa	Carrara
205		16	perdè	perde

INDICE.

—

www.ingramcontent.com/pod-product-compliance
Lightning Source LLC
Chambersburg PA
CBHW070606100426
42744CB00006B/416